纠纷调解系列丛书

Handbook of
Marriage and Family
Dispute Mediation

# 婚姻家庭纠纷调解手册

潘月新　黄金苹 / 主编

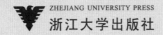

ZHEJIANG UNIVERSITY PRESS
浙江大学出版社

# 编写委员会

# 序

习近平总书记到浙江安吉县社会矛盾纠纷调处化解中心调研时指出，矛盾处理是一个国家、社会长治久安的一个基础性工作。基础不牢，地动山摇，而家庭作为社会的细胞，解决好婚姻家事纠纷、化解家庭的矛盾，正是构建和谐社会的基石。

随着生活方式和思想理念的不断变化，婚姻家庭矛盾越来越凸显，家事纠纷越来越多。家事纠纷调解作为法律诉讼之外的纠纷解决方式，正承担着越来越重的纠纷解决任务，调处好家事纠纷已经成为助力基层矛盾源头治理不可或缺的一部分，培训一支家事纠纷调解员队伍是丰富社会主体参与社会治理内涵、提升基层社会治理水平的有效途径。

但是，当下的家事纠纷调解有着很大的局限性。家事纠纷调解从本质和目标来看，是第三方依据纠纷事实和一定的规范，对发生纠纷的当事人摆事实、讲道理，促使双方在相互谅解和让步的基础上最终解决纠纷。也就是说，作为第三方的调解员，要懂得清晰、准确地了解事实，更要熟悉并能够灵活运用法律和规范，同时，还要懂心理学，能够了解纠纷双方的心理，会安抚、会说理、会引导，让双方能相互体谅，适当作出让步。这些要求涉及了法律知识、心理知识、调解技巧等很多专业知识和技能，一般人没有经过系统的培训，很难成为优秀的调解员。

杭州市西湖区紫薇花女性婚姻家庭服务中心的潘月新老师，结合全国首创的社会组织承接法院和妇联家事调解工作的成功经验，率先在全国家事调解行业中系统地整理出了家事调解教材，这是该领域的第一次探索，也是第一本系统的培训教材。本教材紧紧结合新颁布的《中华人民共和国民法典》，详细解读了其中婚姻家庭编和继承编的相关内容，并用实务案例讲解的方式对法律知识点的适用进行了深入解析，使其浅显易懂，方便读者学习。在结合法律知识的同时，教材还对家事调解工作中涉及的各类知识进行了系统的分析。例如，第一篇分婚姻家庭和继承两章，详细讲解了实体法，内容涵盖了同居、结婚、离婚等婚姻的不同阶段，以及财产、孩子、债务、遗嘱等婚姻家庭、继承涉及的方方面面的法律知识，并且对每个知识点都进行了详细分析，还配上相关练习题、实务案例，让读者可以轻松地学习、消化法律知识点，为家事调解打好法律法规的基础。潘月新老师希望通过业务培训，让"身边人影响身边人，身边人带动身边人"，让法律走进寻常百姓家，借助"法律明白人"培训、培养工作，先让一批人学法，再带动一批人用法，让广大人民群众逐步形成办事依法、遇事找法、解决问题用法、化解矛盾靠法的浓厚氛围，以促进社会的和谐稳定。

懂法是婚姻家庭纠纷调解的一大重点，而另一大重点就是调适知识和调解技巧。潘月新老师主编的教材，从心理学和调解制度等方面详细讲解了调解员如何把握矛盾双方的心理，如何调适好婚姻家庭中各方的关系，并通过矛盾调解实务，深入浅出地教导读者调解工作中的各种技巧及其运用的方式和时机，让初学者也能跟着教材逐步地掌握调解知识。

这本书把握住了家事调解的本质，从法律知识、心理知识、调解技巧、实务操作等多个方面来指导培训，让调解员可以更便捷、更系统地学会调解，避免过去"家事调解随性化""家事调解培训内容碎片化"等问题，将有利于我们打造知法懂法、具备婚姻家庭关系调适知识和调解技巧的专业化队伍，推进市域社会治理现代化。

而这，也正是潘月新老师编写本教材的初衷：突破创新，改变学习习惯，让家事纠纷调解的学习系统化、专业化、人性化，让调解过程规范化、合法化、温暖化。

# 前　言

　　"法者，治之端也。"党的十九届四中全会提出要坚持和完善中国特色社会主义制度，推进国家治理体系和治理能力现代化，对"坚持和完善中国特色社会主义法治体系，提高党依法治国、依法执政能力"作出了专门部署。2020年5月，《中华人民共和国民法典》正式公布，其中对婚姻家庭领域的相关规定进行了完善和补充，这充分体现了党和国家对公民个人婚姻家庭生活的高度重视，为进一步维护公民合法权益、增进人民福祉提供了法律依据。

　　当前，随着经济社会的不断发展，婚姻家庭领域暴露出一些新的情况，从而引发一系列社会关注的热点问题。有效地调解家事矛盾纠纷，促进家庭和谐，越来越成为提升基层社会治理现代化水平的关键环节。近年来，杭州市西湖区从"保家庭小安、促社会大安"出发，动员社会力量广泛参与，建立紫薇花女性婚姻家庭服务中心，不断从调解的细节、流程、节点、技术等环节进行探索实践，逐步提炼形成了"家事矛盾调解紫薇花工作法"。

　　为了深入学习贯彻党的十九届四中全会精神和《中华人民共和国民法典》，将多年来积累的一整套家事调解工作经验更好地转化为治理效能，紫薇花女性婚姻家庭服务中心组织编写了《婚姻家庭纠纷调解手册》一书，努力为基层一线家事调解员提供更多的专业知识和实践案例，帮助其提升家事纠纷调解能力，亦希望有更多的读者朋友参与到家事调解工作的实践中来，从守护小家出发，为打造"人人有责、人人尽责、人人享有"的社会治理共同体贡献自己的力量！

杭州市西湖区委副书记、政法委书记

# 目　录 Contents

## 第二篇 程序法

## 第三篇 妇女儿童权益保护

第一篇

# CHAPTER 1

实体法

# 第一章 《中华人民共和国民法典》婚姻家庭编

## 一、同居关系

### ◈ 知识点提炼

同居　事实婚姻　法律保护

### ◈ 知识点详解

**同居**　是指两个没有亲属关系的人，因相互吸引而自愿共同生活。多指异性之间的同居，也有少数同性的同居关系。

同居关系跟婚姻关系不一样，婚姻关系是获得了法律承认的配偶关系，其关系的缔结和解除必须经过法定程序；而同居是不被法律承认的一种行为，也没有法律保障。在同居期间，任何一方可随时提出分手，终止同居关系。

**事实婚姻**　是一种婚姻关系存在的方式，指男女双方以夫妻名义同居（即男女双方在一起持续、稳定地共同居住）的行为始于 1994 年 2 月 1 日以前，且双方在 1994 年 2 月 1 日以前同居时已经具备结婚的实质要件。

**法律保护**　就是属于法律规范的调整范围。

同居关系不受婚姻法的约束，同时不可适用婚姻法对同居双方的关系进行调整。"当事人起诉请求解除同居关系的，人民法院不予受理。但当事人请求解除的同居关系，属于《婚姻法》[1] 第三条、第三十二条、第四十六条 [2] 规定的'有配偶者与他人同居'的，人民法院应当受理并依法予以解除。"[《最高人民法院关于适用〈中华人民共和国婚姻法〉若干问题的解释（二）》[3] 第一条第一款]

而婚姻关系，包括事实婚姻，都受婚姻法调整。当婚姻关系出现纠纷时，可以按照婚姻法的规定起诉至法院，请求判决离婚，并且对所涉及的子女抚养、财产分割等问题进行处理。

---

[1]　《中华人民共和国婚姻法》，简称《婚姻法》。

[2]　现为《中华人民共和国民法典》（简称《民法典》）第一千零四十二条、第一千零七十九条、第一千零九十一条。

[3]　简称《〈婚姻法〉司法解释（二）》。

## ◆ 选择题

1. 在同居关系下，一方对另一方实施了暴力，尚不构成轻伤，适用 （　　）
   A. 国家安全法
   B. 反家庭暴力法
   C. 刑法
   D. 婚姻法

2. 解除同居关系时，对于同居期间所生的子女，下列说法正确的是 （　　）
   A. 可以由法院基于子女最大利益原则作出判决
   B. 无需征求子女本人意见
   C. 不直接抚养非婚生子女的生父或生母，没有探望子女的权利
   D. 女方具有优先抚养权

3. 同居关系期间取得的财产属于 （　　）
   A. 完全个人财产
   B. 一般共有财产
   C. 家庭共有财产
   D. 完全共有财产

4. 下列关于同居的说法，正确的是 （　　）
   A. 同居就是重婚
   B. 同居都是违法的
   C. 重婚就是有配偶者与婚外异性以夫妻的名义持续、稳定地共同居住
   D. 同居就是姘居

5. 有配偶者与他人同居，如果当事人向法院起诉请求解除同居关系，法院（　　）
   A. 不予受理
   B. 应当受理
   C. 对于有共同财产的按离婚处理
   D. 对于有子女的按离婚处理

## ◆ 案例

1. 小叶和小花相识于夜场，两人一见钟情，很快陷入了爱河，并开始同居。小花为这段感情谢绝了所有的玩乐邀请，同时辞去了工作，在家为小叶洗衣做饭，一年后还生了孩子。但小叶不改以前的习惯，依旧流连于夜场，很快认识了新欢小玫瑰，并为小玫瑰买了一套房子。小花发现小叶的出轨事实后痛苦不堪，向法院起诉要求解除她与小叶的同居关系，但法院没有受理小花的起诉。后小花在偶然中发现小玫瑰已经结婚，配偶是军人，且小叶一直知情。小花觉得小叶宁愿为一个有夫之妇花钱，也不愿照顾自己的颜面和感受，于是更想解除同居关系，但自己不工作已久，无法独自承担抚养孩子的重任。想到这些，小花顿觉生无可恋，每日借酒浇愁。

问：如果小花想解除同居关系重新开始，你有什么好的建议？

2. 小杰出身穷苦，因此太过自卑，遇到了喜欢的女孩子也不敢表白，一直单身。所幸小杰在事业上发奋图强，通过自己的努力开了一家公司，公司生意蒸蒸日上。小杰开始考虑自己的终身大事，但苦于无法找到合适的对象，于是在百合网上相亲，很快就找到了心仪的对象小丽。小杰认识小丽不久之后就向小丽求婚，希望组建家庭，但小丽多次拒绝，并以真爱不需要形式为由，主动提出和小杰同居。小杰欣然答应，觉得小丽对他是真爱，因此为小丽买了两套房子和很多奢侈品。很快小丽怀孕了，小杰再次向小丽求婚，但小丽仍不答应，小杰也就没有强求。后孩子出生，小杰过上了他曾经向往的生活。但偶然间，小杰发现小丽已婚，大惊之下带着孩子去做亲子鉴定，发现孩子并不是他的。小杰因此悲痛欲绝，觉得颜面尽失，走上了天台，想要跳楼自尽，幸好被保安及时发现，送到紫薇花女性婚姻家庭服务中心开导。

问：你有哪些意见或者建议可以帮助小杰？

参考答案

# 二、婚姻自由

◈ **知识点提炼**

结婚自由　离婚自由　不结婚的自由　禁止包办、买卖婚姻和其他干涉婚姻自由的行为　禁止借婚姻索取财物

◈ **知识点详解**

**结婚自由**　婚姻当事人有依法缔结婚姻关系的自由。当事人是否结婚，与谁结婚，是其本人的权利，任何人无权干涉。

婚姻自由和公民的其他任何权利一样，不是绝对自由，而是相对自由。行使婚姻自由权，必须在法律规定的范围内进行，我国婚姻法明确规定了结婚的条件与程序、离婚的条件与程序，这些规定划清了婚姻问题上合法与违法的界限。凡符合法律规定，即为合法行为，受法律保护；违反法律规定，即为违法行为，不受法律保护。

因此，婚姻自由的权利，既不允许任何人侵犯，也不允许当事人滥用。

**离婚自由**　是指夫妻有依法解除婚姻关系的自由。

**不结婚的自由**　当事人有选择不结婚的自由，任何人无权干涉。

**禁止包办、买卖婚姻和其他干涉婚姻自由的行为**　包办婚姻和买卖婚姻既有联系，又有区别。根据我国的司法实践，包办婚姻，是指第三者违反婚姻自由的原则，包办强迫他人的婚姻；买卖婚姻，是指第三者以索取大量财物为目的，包办强迫他人的婚姻。这里所说的第三者，包括父母在内；这里所说的他人，包括子女在内。由此可见，包办婚姻不一定都是买卖婚姻，而买卖婚姻必定是强迫包办的。

包办婚姻的构成要件是违背当事人的意志，对婚事实行包办强迫；买卖婚姻的构成要件除违背当事人的意志外，还有一个借此索取大量财物的要件。例如，父母因子女的对象不合己意阻挠婚事，基于封建宗法观念干涉非近亲（不属于法律禁止结婚的亲属关系）的同姓男女结婚，干涉丧偶妇女再婚，子女干涉父母再婚，干涉他人离婚或复婚，等等。

**禁止借婚姻索取财物**　借婚姻索取财物，主要是指男女双方自愿或基本自愿结婚，但一方却以对方给付一定的财物作为结婚条件的行为。

借婚姻索取财物的行为人，为满足个人的物质愿望，把自己的婚姻建立在金钱基础上而不是爱情基础上。这种行为不但会给对方及其家庭造成负担，影响自己和对方的婚姻家庭生活，而且不符合社会主义婚姻家庭道德观，妨碍婚姻自由原则的实施，所以我国的婚姻法历来都明确禁止借婚姻索取财物。

◆ **选择题**

1. 下列属于干涉婚姻自由的行为的是 （　　）

　A. 某女小王和某男小张是男女朋友，两人在一起同居三年。后，小王父母在老家经过媒人介绍，将小王许配给当地村主任的儿子。小王一开始不同意，后来回家经其父母说服，同意断绝与小张的关系，嫁给村主任的儿子

　B. 某女小王和某男小张是男女朋友，两人在一起同居三年。后，小王父母在老家经过媒人介绍，将小王许配给当地村主任的儿子。小王一开始不同意，父母表示她如果不同意断绝与小张的关系、嫁给村主任的儿子，他们将和她断绝父女、母女关系，小王很痛苦

　C. 某女小王和某男小张是男女朋友，两人在一起同居三年。后，小王父母在老家经过媒人介绍，将小王许配给当地村主任的儿子。小王一开始不同意，后来回家经其父母说服，同意断绝与小张的关系，嫁给村主任的儿子。小张坚决不同意与小王分手，表示如果这辈子不能与小王结婚，他将终身不娶，等小王一辈子。小王很矛盾，不知道怎么办

　D. 某女小王和某男小张是男女朋友，两人在一起同居三年。后，小王父母在老家经过媒人介绍，将小王许配给当地村主任的儿子。小王一开始不同意，后来回家经其父母说服，同意断绝与小张的关系，嫁给村主任的儿子。小张坚决不同意与小王分手，表示如果小王选择与他分手，他一辈子不会让小王好过，反正自己已经什么都没有了，会用任何手段报复小王全家

2. 女儿违背父母的意愿出嫁，不和父母生活在一起，对父母遗产 （　　）

　A. 有平等继承权

　B. 有一定继承权

　C. 只有母亲遗产的继承权

　D. 不再有继承权

3. 我国的婚姻自由不包括 （　　）

　A. 当事人有权决定自己与谁结婚

　B. 当事人有解除婚姻关系的自由

　C. 丧偶妇女有再婚的自由

　D. 再婚后的父母有停止抚养子女的自由

4. 人们有无婚姻自由，是形式上的还是实质上的婚姻自由，归根结底都是取决于 （　　）

　A. 一定的社会地位　　　　　　　　B. 一定的社会制度

　C. 财产的多少　　　　　　　　　　D. 对知识的掌握程度

5. 以下享有婚姻自由的人有 （　　）

　A. 已经离婚的阿大　　　　　　　　B. 还没订婚的阿二

　C. 还在上大学的阿三　　　　　　　D. 以上选项都对

### ◆ 案例

1. 张阳[①]大学毕业后到了谈婚论嫁的年纪，母亲张秀清一心指望着儿子能带回一个称心如意的女朋友。然而，天不遂人愿，儿子喜欢上了公司楼下一家餐厅里的打工妹燕子。儿子的新女友竟是个高中毕业的打工妹，张秀清当时就急了，立即用命令的口吻对儿子说："我不同意，你必须立即跟她断绝来往！"热恋中的张阳自然是听不进母亲的话，既然家里容不下自己，他就搬进燕子的出租屋里，开始了两人同居的生活。之后燕子怀孕了，张秀清决定化被动为主动，假意同意让燕子来家里住。儿子回家后，张秀清便开始向他灌输"等条件成熟再要孩子"的思想。张阳答应了，燕子也被说动了，于是，身为护士的张秀清就把燕子带进诊所，亲自协助医生给燕子做人流手术。在手术过程中，气上心头的张秀清脑中忽然闪过一个疯狂的念头，她取了一个节育环，偷偷地放进了燕子的体内。张秀清想，只有这样燕子才不会再怀孕，就算儿子跟她结婚，没孩子也可以利落分手。燕子偶然间发现了自己不能怀孕的秘密，实在咽不下这口气，就将张秀清和张阳告上了法庭。律师经过调查发现，张秀清没有取得执业医师资格证书，不具备做人流手术的资格。经法医鉴定，张秀清对燕子的伤害构成轻伤。

问：张秀清干预儿子婚姻自由的行为有何不妥？

2. 30年前，胡某因为妻子黄某有外遇而离了婚。离婚后，黄某后悔了，多次找胡某要求复婚，并带着孩子求情。胡某心软，就搬回了家。从此，胡某、黄某与两个孩子在一起生活，但是两人一直未办理复婚手续。如今两个孩子都已成家，胡某终于可以放心离开这个"家"，想与其他女子结婚，却遭到前妻黄某的阻挠。今年5月初，胡某与小他18岁的王女士领了结婚证，随后搬了出去。对此，黄某深受刺激，多次找胡某大吵大闹，不允许他与王女士结婚。

问：黄某的阻挠是否于法有据？

参考答案

---

① 文中出现的人名均为化名。

# 三、家庭成员

◆ **知识点提炼**

亲属　血亲　姻亲　近亲属　家庭成员

◆ **知识点详解**

**亲属**　包括配偶、血亲和姻亲。

**血亲**　包括自然血亲和拟制血亲。自然血亲指的是和自己有血缘关系的亲属，可分为直系血亲和旁系血亲；拟制血亲是指彼此本无该种自然血亲应当具有的血缘关系，但法律因其符合一定的条件，确认其与该种自然血亲具有同等权利和义务的亲属，譬如养父母与养子女之间就是拟制血亲，继父母与受其抚养教育的继子女之间也是拟制血亲。

直系血亲即生育自己和自己所生育的上下各代亲属，也就是说你相对生你出来的长辈或者被你生出的不管多少代的后辈都是直系血亲关系。包括父母子女间，祖父母、外祖父母与孙子女、外孙子女间，曾（外）祖父母与曾（外）孙子女间。

旁系血亲是指相互间具有间接血缘联系的亲属，即直系血亲以外的在血缘上与自己同出一源，也就是出于同一祖先的亲属。如同源于父母的兄弟姐妹，同源于祖父的叔伯、姑、堂兄弟姐妹，同源于外祖父母的舅、姨、表兄弟姐妹，等等。三代以内旁系血亲是指不论辈分，同源于祖父母、外祖父母（与己身相对而言）的旁系血亲。

**姻亲**　就是以婚姻关系为中介而产生的亲属。具体分为：（1）血亲的配偶。指自己直系、旁系血亲的配偶。如儿媳、姐夫等。（2）配偶的血亲。指自己配偶的血亲。如岳父、小姑子等。（3）配偶的血亲的配偶。指自己配偶的血亲的夫或妻。如妯娌、连襟等。姻亲关系因夫妻离婚或夫妻中一方死亡、他方再婚而消失。

**近亲属**　配偶、父母、子女、兄弟姐妹、祖父母、外祖父母、孙子女、外孙子女为近亲属。

**家庭成员**　配偶、父母、子女和其他共同生活的近亲属为家庭成员。登记结婚后，按照男女双方约定，女方可以成为男方家庭的成员，男方可以成为女方家庭的成员。

◆ **选择题**

1. 王小姐和李先生结婚，婚前双方约定，婚后王小姐与李先生一家共同生活。但是一起生活的时间没有几个月，王小姐便无法忍受与李先生的父母一起生活，想要回自己娘家生活，并说服李先生一起到其娘家生活。但是李先生的父母不同意，并说自己的儿子是娶媳妇，不是上门女婿，两人要么离婚，要么必须在李家生活。现在王小姐来到婚姻家事调解委员会申请调解，以下哪些观点有助于解决双方矛盾
（　　）

A. 既然婚前就已经约定好和李家一起生活，就必须履行约定，如果无法履行，那就离婚算了

B. 既然小两口已经计划到王小姐家生活，就应当尊重他们的想法，毕竟他们才是婚姻的主体

C. 李家发生纠纷的根源是王小姐作为新的家庭成员，一开始不适应新的家庭生活，这是一种正常的冲突，需要彼此体谅和宽容

D. 无论是王小姐和李先生，还是李先生的父母，都是家庭成员，他们的权利和诉求应该得到平等对待。当出现冲突的时候，作为调解员要做的首要工作不是指责任何一方，而是倾听他们的诉求，得到当事人的信任，这样才能发现双方产生矛盾的深层次原因

◆ **案例**

1. 春节临近，张先生和周女士为过年回谁的老家而苦恼。双方都是独生子女，老家都在外地，张先生老家在广东，周女士老家在黑龙江，这一南一北，回家过年都很不方便。为此双方在结婚之前口头约定，每年各回各的父母家过年。今年孩子出生，张先生希望周女士能一起带着孩子回爷爷奶奶家过年。周女士表示孩子是自己辛辛苦苦生下来的，而且现在是哺乳期，要回老家的话也要回自己家。双方为了这个问题吵了很久，甚至严重影响了夫妻感情。

问：如果你是调解员，如何从法律、情理两个角度处理这个难题？

参考答案

# 四、禁止结婚

## 知识点提炼

禁止结婚

## 知识点详解

**禁止结婚** "直系血亲或者三代以内的旁系血亲禁止结婚。"（《民法典》第一千零四十八条）

## 选择题

1. 下列案例中禁止结婚的情况有 （　　）

A. A 的母亲在 A 读小学时嫁给了读初中的 B 的父亲，A 与 B 关系很好，亲如亲兄妹。成年之后，A 想嫁给 B，A 认为他们两人虽然名义上是兄妹关系，但实质上并无血缘关系，并不会影响优生优育

B. 甲嫁给了乙后，夫妻关系一直比较平淡。乙的父亲是位事业有成的企业家，乙的母亲早已过世，通过接触，甲发现自己的公公为人幽默风趣，又有绅士风度，比自己的丈夫强太多。于是在与乙办理完离婚手续之后，甲开始与乙的父亲约会，并想嫁给乙的父亲

C. 张三和李四是夫妻，为了在拆迁的时候多分一套房子，两人决定先离婚，然后张三娶李四的母亲为妻，把李母的户口也迁入张三户内

D. A 的母亲在 A 读小学时嫁给了读初中的 B 的父亲，A 与 B 关系很好，亲如亲兄妹。后 A 的母亲和 B 的父亲又离婚了。成年之后，A 与 B 再次相遇，两人相谈甚欢，很快确定了恋爱关系并谈婚论嫁

## 案例

1. 1988 年，甲与前妻因感情不和而协议离婚，两人育有一子甲小某随甲共同生活。甲后在工作中认识了乙。乙与前夫离婚后独自带着女儿乙小某共同生活，生活颇为艰难。甲对乙多有照顾，两人产生了感情，并办理了结婚登记。婚后，甲把乙和乙的女儿接到自己家中共同生活，甲小某和乙小某年龄相仿，相处得也非常融洽，一家四口日子过得很幸福。随着甲小某和乙小某渐渐长大，两人相爱了。他们觉得自己没有血缘关系，是可以结婚的，于是前往民政局登记。民政局工作人员在查明情况后，告知两人是拟制血亲，是拟制兄妹，不能登记结婚。

参考答案

问：民政局工作人员的处理正确吗？甲小某和乙小某能否登记结婚？

# 五、婚姻无效

◆ **知识点提炼**

婚姻无效　无效婚姻转为有效的情况　无效婚姻的法律后果　权利行使人　婚姻无效的调解适用限制　无效婚姻的损害赔偿

◆ **知识点详解**

**婚姻无效**　是指违反婚姻成立要件的婚姻，不具有婚姻的法律效力。

"有下列情形之一的，婚姻无效：（一）重婚；（二）有禁止结婚的亲属关系；（三）未到法定婚龄。"（《民法典》第一千零五十一条）

**无效婚姻转为有效的情况**　"当事人依据《婚姻法》第十条[1]规定向人民法院申请宣告婚姻无效的，申请时，法定的无效婚姻情形已经消失的，人民法院不予支持。"［《最高人民法院关于适用〈中华人民共和国婚姻法〉若干问题的解释（一）》[2]第八条］

在婚姻关系成立时存在婚姻无效的法定情形，而在申请宣告婚姻无效时已经不具备该情形时，这个婚姻就转化为有效的婚姻关系。

**无效婚姻的法律后果**　婚姻关系自始无效，对当事人会有两个方面的影响：一是人身关系，二是财产关系。"无效的或者被撤销的婚姻自始没有法律约束力，当事人不具有夫妻的权利和义务。同居期间所得的财产，由当事人协议处理；协议不成的，由人民法院根据照顾无过错方的原则判决。对重婚导致的无效婚姻的财产处理，不得侵害合法婚姻当事人的财产权益。当事人所生的子女，适用本法关于父母子女的规定。"（《民法典》第一千零五十四条第一款）

**权利行使人**　"有权依据《婚姻法》第十条[3]规定向人民法院就已办理结婚登记的婚姻申请宣告婚姻无效的主体，包括婚姻当事人及利害关系人。利害关系人包括：（一）以重婚为由申请宣告婚姻无效的，为当事人的近亲属及基层组织；（二）以未到法定婚龄为由申请宣告婚姻无效的，为未达法定婚龄者的近亲属；（三）以有禁止结婚的亲属关系为由申请宣告婚姻无效的，为当事人的近亲属；（四）以婚前患有医学上认为不应当结婚的疾病，婚后尚未治愈为由申请宣告婚姻无效的，为与患病者共同生活的近亲属。"［《〈婚姻法〉司法解释（一）》第七条］

**婚姻无效的调解适用限制**　确认婚姻效力的案件是不适用调解的，但是涉及财产分割及子女抚养的，是可以进行调解的。

**无效婚姻的损害赔偿**　无过错方有权请求损害赔偿。

---

[1]　现为《中华人民共和国民法典》第一千零五十一条。

[2]　简称《〈婚姻法〉司法解释（一）》。

[3]　现为《中华人民共和国民法典》第一千零五十一条。

◆ **选择题**

1. 甲（男，22 周岁）为达到与乙（女，19 周岁）结婚的目的，故意隐瞒乙的真实年龄办理了结婚登记。两年后因双方经常吵架，乙以办理结婚登记时未达到法定婚龄为由向法院起诉，请求宣告婚姻无效。法院应当 （　　）

A. 以办理结婚登记时未达到法定婚龄为由宣告婚姻无效

B. 对乙的请求不予支持

C. 宣告婚姻无效，确认为非法同居关系并予以解除

D. 认定为可撤销婚姻，乙可行使撤销权

2. 甲与乙登记结婚 3 年后，乙向法院请求确认该婚姻无效。下列乙提出的理由中可以成立的是 （　　）

A. 乙登记结婚时的实际年龄离法定婚龄相差 2 年

B. 甲婚前谎称是海归博士且有车有房，乙婚后发现上当受骗

C. 甲与乙是姑表兄妹关系

D. 甲以揭发乙父受贿为由胁迫乙结婚

◆ **案例**

1. 林某的母亲和李某的母亲系亲姐妹关系，林某和李某系表兄妹关系，属三代以内的旁系血亲。1978 年 2 月 14 日，由双方父母做主，两人举行了婚礼，并领取了结婚证。两人一直生活在一起，于 1980 年 1 月育有一子李某一。后李某到外地打工，两人一直分居。李某到城里打工后才知道表兄妹不能结婚，于是向林某提出分手，但林某坚决不同意，两人就不了了之，之后也未再联系。李某在打工中认识了刘某，两人很有共同语言，经常在一起。2000 年 2 月，李某与刘某到婚姻登记处领取了结婚证。后李某与刘某又育有一女李某二。2018 年李某查出患有肺癌，不久后就去世，之后李某二起诉至法院要求确认李某与林某的婚姻无效。林某称李某已经去世，法定的无效婚姻情形已经取消，要求依法驳回李某二的诉请。

问：（1）李某的第一段婚姻是否无效？

（2）该案件是否适用调解？

2. 甲某与乙某是青梅竹马的好朋友。2000 年甲某到美国留学，2005 年在美国与丙某结婚，后发现丙某存在家庭暴力，遂逃离回到中国。甲某回国后重新遇到了乙某，两人迅速发展成恋人关系，于 2010 年 2 月登记结婚，并育有一子，购置房屋若干。但两人婚后常因琐事争吵，且乙某发现甲某曾在美国登记结婚的事实。2018 年，乙某向法院提起诉讼，认为甲某重婚，两人的婚姻符合《婚姻法》第十条第（一）项规定的情形，为无效婚姻，请求法院宣告两人婚姻无效。

问：（1）甲乙双方的婚姻关系是否无效？

（2）该案件是否适用调解？如果适用，如何对本案进行调解？

参考答案

# 六、可撤销的婚姻

## ◆ 知识点提炼

因胁迫导致的可撤销婚姻　胁迫婚姻撤销的期限　一方隐瞒重大疾病导致的可撤销婚姻　一方隐瞒重大疾病导致的婚姻撤销的期限　撤销婚姻的法律后果　撤销婚姻的损害赔偿

## ◆ 知识点详解

**因胁迫导致的可撤销婚姻**　因胁迫结婚的，受胁迫的一方或被非法限制人身自由的当事人，可以向法院请求撤销该婚姻。

**胁迫婚姻撤销的期限**　为胁迫行为终止之日起一年内。被限制人身自由的，为恢复人身自由之日起一年内。

**一方隐瞒重大疾病导致的可撤销婚姻**　一方患有重大疾病的，应当在结婚登记前如实告知另一方，不如实告知的，另一方可以向法院请求撤销婚姻。

**一方隐瞒重大疾病导致的婚姻撤销的期限**　为知道或者应当知道撤销事由之日起一年内。

**撤销婚姻的法律后果**　被撤销的婚姻自始没有法律约束力，当事人不具有夫妻权利和义务。同居期间所得的财产，由当事人协议处理；协议不成的，由法院根据照顾无过错方的原则判决。当事人所生的子女，适用相关法律对于父母子女的规定。

**撤销婚姻的损害赔偿**　无过错方有权请求损害赔偿。

## ◆ 选择题

1. 下列属于可撤销婚姻的是　　　　　　　　　　　　　　　　　　（　　）
   A. 张依依曾经得过甲肝，现已痊愈。其一年前与王二二结婚，婚后两人感情一般。王二二偶然从一个亲戚那里得知张依依曾经患有甲肝的事情，便觉得自己上当受骗，责备张依依没有告知，想以此为由撤销两人的婚姻关系
   B. 张依依是甲亢患者，经过治疗已经好转，不影响正常生活，但是要坚持服药，定时复查。其两年前与王二二登记结婚，婚后两人感情尚可。但是结婚两年张依依一直没有怀孕，医生告知，其身体没有其他问题，只要密切注意甲状腺激素变化即可，让其安心回家备孕。王二二认为张依依无法怀孕是因为其自身疾病之故，要求撤销婚姻
   C. 张依依与王二二结婚五年，一直没有孩子，两人去医院检查后发现男方有无精症，所以根本不可能有孩子。而且男方此前知道自己无法生育，但是基于对女方的喜爱，就瞒着女方办理了结婚登记。张依依以男方患有重大

疾病为由,要求撤销婚姻

    D. 张依依与王二二结婚后不久就发现王二二家族有地中海贫血症这一遗传病,但王二二本人没有得病。张依依欲以此为由,要求撤销婚姻

## ◆ 案例

    1. 马丽在参加公务员考试时作弊被张奇发现了,后者以此为由要求马丽做其女友,否则就把这个事情捅出去。马丽此时已经通过了最后一道体检手续,如果张奇告发,她所有的努力都将前功尽弃,于是只好答应张奇的要求。两人交往不久张奇就向马丽求婚。马丽内心是不情愿的,但一想到张奇的威胁,如果离开他,他马上就会把自己考试作弊的事情告发出去,也只能答应张奇的要求。此后两人进行了结婚登记,但是婚后的生活并不如意,马丽想逃离这桩不幸福的婚姻。律师建议她以婚姻受胁迫为由向法院申请撤销婚姻。

    问:马丽的婚姻满足可撤销婚姻的条件么?如果满足的话,她应该在什么时候提出撤销婚姻?

参考答案

# 七、婚约财产纠纷（彩礼纠纷）

◆ **知识点提炼**

彩礼　彩礼的返还　彩礼的范围

◆ **知识点详解**

**彩礼**　是中国古代婚嫁习俗之一。中国古代在婚姻约定初步达成时有男方（家庭）赠与女方（家庭）聘金、聘礼的习俗，这种聘金、聘礼俗称"彩礼"。虽然我国婚姻法并未对"彩礼"作出明确的法律定义，但这一习俗在民间长期存在，特别是在广大的农村地区，彩礼的习俗更是普遍存在。法院审理的彩礼纠纷案件的案由一般被定为"婚约财产纠纷"或"离婚纠纷"，主要适用依据是婚姻法司法解释的有关规定。

**彩礼的返还**　"当事人请求返还按照习俗给付的彩礼的，如果查明属于以下情形，人民法院应当予以支持：（一）双方未办理结婚登记手续的；（二）双方办理结婚登记手续但确未共同生活的；（三）婚前给付并导致给付人生活困难的。适用前款第（二）、（三）项的规定，应当以双方离婚为条件。"［《〈婚姻法〉司法解释（二）》第十条］

关于第一种情形，实践中存在已经举行了结婚仪式，甚至长期生活在一起且育有子女，但未办理结婚登记的情况。在一些地区，经过结婚仪式就相当于取得了结婚效力，结婚仪式宣告是有一定公示性的，男女举行了仪式往往村落居住的人都会知道，一旦解除了结婚仪式建立的关系，女方的社会评价会严重下降，如果单纯适用法条要求返还彩礼，有失公平，也不利于妇女权益的保护。在司法实践中，法院会根据双方共同生活时间长短、彩礼金额、彩礼是否确已用于共同生活、是否育有子女等因素来确定是否应当返还彩礼及返还的数额。

关于第三种情形"婚前给付并导致给付人生活困难的"中"生活困难"的理解，"生活困难"不是指"相对困难"，而应当理解为因给付彩礼导致给付人生活"绝对困难"。这种"绝对困难"应当是实实在在的困难，即因为给付彩礼造成其生活靠自己的力量已经无法维持当地最基本的生活水平。如果是与给付彩礼之前相比，因给付彩礼造成财产减损，生活水平前后相差较为悬殊，相对于原来的生活条件而言变得困难，这种困难显然不是"绝对困难"，而是"相对困难"。

**彩礼的范围**　为了培养感情而赠送给另一方的价值较小的财物，如衣物、小首饰等，属于一般赠与，不是彩礼的范围。彩礼的给付往往具有缔结婚姻的强烈目的性，给付的场合也是比较正式的，一般是男女双方、男女双方父母和媒人都在场。男女双方交往过程中的钱物往来比较频繁，不是所有的赠与物都是彩礼。

## 选择题

1. 刘强经人介绍与王丽结婚，并按当地习俗向王丽支付了结婚彩礼——现金10万元及金首饰一套。结婚登记后，两人举行了婚礼。不久刘强发现两人性格不合，很快分居，并提出离婚，同时要求王丽返还彩礼。关于该彩礼的返还，下列说法正确的是　　　　　　　　　　　　　　　　　　　　　　　（　　）

A. 主张彩礼返还，不以双方离婚为条件

B. 虽双方已办理结婚登记，但结婚时间过短，需要退还彩礼

C. 已办理结婚登记，并已共同生活的，除非刘强家因彩礼的给付导致生活困难，否则不可退还

D. 已办理结婚登记，并已共同生活的，不能退还彩礼

2. 如当事人请求返还按照习俗给付的彩礼，法院应当予以支持的情形有（　　）

A. 当时给付彩礼是因为感情好

B. 双方已办理结婚登记手续但确未共同生活，现提出离婚

C. 婚前给付并导致给付人生活困难，现提出离婚

D. 双方未办理结婚登记手续

## 案例

1. 2018年5月，小杨和小刘经媒人介绍相识，并在当年6月举行了订婚仪式。订婚时，小杨按照婚俗给了小刘父母彩礼12万元。两人于2018年6月18日登记，登记当晚就发生矛盾未同房，之后也一直未同房。2018年8月，小刘回娘家居住至今。期间多次调解无果。2019年初，两人不再联系。

现小杨起诉要求解除婚姻关系，并要求小刘退还彩礼。小刘母亲则称在两人共同生活的过程中小刘发现小杨无法同房，且两人已经登记，自己的女儿如果再结婚就是二婚，影响女儿声誉，不同意退还彩礼。而小杨提供了医院的证明，证明自己不存在相关方面的疾病，认为是小刘不愿意和自己同房故意编造托词。

问:（1）小刘是否需要退还小杨彩礼？

（2）如果你是该案件的调解员，你会如何处理？

2. 2017年11月，林某与来某经媒人介绍认识，因来某家中面临拆迁，两人迅速确定恋爱关系并进入谈婚论嫁的阶段，林某家中要求来某支付18万元彩礼。2018年1月1日，来某和家人及媒人到林某家中把18万元现金交给了林某，双方商谈了结婚登记及置办酒席等事宜。两人于2018年1月18日订婚，来某父母给了林某2万元改口费，后林某居住在来某家中，双方商定在2018年5月去登记并举行婚礼。来某为操办婚礼、置办酒席等支出了10万元费用。2018年4月，来某发现林某和其他异性有不正当往来，双方发生矛盾。2018年6月，林某回娘家居住，不再和来某联系，来某要求林某返还彩礼、改口费及承担婚礼酒席损失等共计30万元。

参考答案

问: 林某是否要返还彩礼？如果要返还，返还彩礼的范围是什么？

# 八、夫妻的自由权和平等权

◈ **知识点提炼**

夫妻的自由权　平等抚养、教育和保护未成年子女的权利

◈ **知识点详解**

**夫妻的自由权**　《民法典》第一千零五十七条规定，夫妻双方都有参加生产、工作、学习和社会活动的自由，一方不得对另一方加以限制或者干涉。但夫妻的自由权，并不意味着夫妻可以不顾家庭、为所欲为。夫妻行使人身自由的权利，必须符合法律与社会主义道德的要求，必须做到与其他权利义务相一致。

**平等抚养、教育和保护未成年子女的权利**　"夫妻双方平等享有对未成年子女抚养、教育和保护的权利，共同承担对未成年子女抚养、教育和保护的义务。"（《民法典》第一千零五十八条）

◈ **选择题**

1. 下列观点有助于改善夫妻关系的是　　　　　　　　　　　　（　　）

A. 妻子有参加工作的权利，也有不参加工作的自由，丈夫对此没有发言权

B. 夫妻都是双职工，但是妻子比丈夫挣得多，所以家务必须丈夫全包

C. 丈夫经济压力大，但是觉得男人负责养家、妻子负责相夫教子是职责所在，故不同意妻子外出找工作

D. 对于孩子的教育，父母双方如果教育理念不同，最好不要当着孩子的面起冲突。双方要充分沟通，即使无法达成一致意见，也不要在孩子面前说对方教育不当

◈ **案例**

1. 周太太和周先生结婚八年了，孩子七岁。周太太在孩子出生后就离职在家，周先生经营一家医药公司，收入颇丰。等孩子上学后，周太太想继续自己的学业，去读博士。她的建议遭到了周先生的强烈反对，他认为周太太都三十五岁了，已经是个中年人了，再学这么多没有用，而且家里上有老、下有小，都需要照顾，放下家里的亲人去读书是自私自利、极不负责的表现。周太太认为自己已经在家待了那么多年，再待下去这辈子就这样过去了，而且周先生在家的时间越来越少，与她的交流也越来越少，长此以往，婚姻都快不保，去读博士说不定是个转机。双方为这事僵持不下，严重影响夫妻感情。周先生来到杭州市婚姻家庭调解委员会申请调解。

参考答案　　　　　问：如果你是调解员，你将如何处理他们的矛盾？

# 九、夫妻财产约定

◈ **知识点提炼**

婚前财产约定　婚内财产约定　夫妻财产约定的主要内容　约定的注意事项

◈ **知识点详解**

**婚前财产约定**　男女双方可以在结婚登记之前约定婚前财产归各自所有、共同所有或者部分各自所有、部分共同所有。约定应当采取书面形式。两人结婚并不是所有财产都需要婚前财产约定，一般来说，比较容易举证的财产就不需要，比较难举证的财产则需要。像不动产，如房屋，因为实行登记制度，产权明确，就不需要婚前财产约定。而产权随时处于变动的动产，像存款、玉器、金银首饰等贵重物品，为避免离婚时无法说明白，可以进行婚前财产约定。

**婚内财产约定**　男女双方可以约定婚姻关系存续期间所得的财产归各自所有、共同所有或部分各自所有、部分共同所有。

**夫妻财产约定的主要内容**　（1）明确婚前财产的范围及归属；（2）明确夫妻共同财产的归属及使用方法；（3）确立夫妻双方在家庭生活中的权利、义务；（4）协议的生效、撤销；（5）违约责任。

**约定的注意事项**

1. 无效约定

（1）约定财产归子女所有。

很多夫妻在签订协议时会约定某一部分财产归子女所有。若这些财产仍然是由父母掌管，从法律上来看，属于可撤销的赠与。

（2）谁提离婚谁无财产。

此类约定往往会被认为是限制离婚自由权，进而被认定为无效。

2. 三种限制效力的约定

（1）对子女抚养义务免除的约定。

抚育子女是父母的法定责任，不得因任何事由予以免除。婚内财产协议中关于谁不要孩子、谁要孩子、谁承担孩子一切抚养费用的约定，不能说完全无效，但是当承诺全额承担孩子抚养费的一方陷入经济困难、无力独自承担孩子的抚养费用时，另一方显然有共同承担的义务。

（2）对第三人的债务由一方承担的约定。

对于婚姻关系存续期间形成的债务，这类约定只有在有证据证明债权人知道该约定时才有效；否则，债权人可以要求夫妻承担连带清偿责任，即该协议不能对抗善意第三人。

（3）对夫妻间扶助义务免除的约定。

婚内财产协议中，约定各自财产归各自所有，并不能因此而免除夫妻间的扶助义务。例如，若一方患病需要救治时，另一方应积极地承担。如果对方置之不理，患病方有权要求对方支付医药费用。

### ◈ 选择题

1. 诚意和姗姗结婚之前为了避免婚后无法区分双方的婚前财产，就对婚前财产做了约定：诚意婚前存款 100 万元为其婚前个人财产；姗姗婚前存款 60 万元及首饰、珠宝、古董、字画等为其婚前个人财产。两人结婚之后，共同用婚前的存款购买房屋，支付了首付，没有做房产份额的约定。结婚 10 年后，两人夫妻感情破裂，协议离婚。下列说法正确的是　　　　　　　　　　　　　　（　　）

　　A. 婚前财产约定中涉及的首饰、珠宝、古董、字画等还是姗姗的个人财产，不用与诚意分割

　　B. 由于两人房款首付金额不一致，故离婚的时候出资多的人可以多分

　　C. 无论房款首付谁出资多，该房产都是属于夫妻共有财产，分割时双方享有平等的利益

　　D. 如果双方曾经有书面约定，一旦离婚房产归孩子所有，但是由于房产没有办理过户手续，该约定可以被撤销

### ◈ 案例

1. 张先生父母在张先生结婚之前全额给儿子买了婚房。结婚后，妻子小钟提出，如果张先生真的爱她，就应该在房产证上加上她的名字。张先生为了表达对妻子的爱意，就瞒着父母在房产证上加上了妻子的名字。张先生父母发现后大怒，指责小钟嫁入张家就是为了贪财。小钟听了也不高兴，但是为了证明自己只是为了要有一份安全感，并不是贪图张家的钱财，愿意与张先生做婚内财产约定。双方约定：小钟不得提出离婚，除非张先生有出轨、家暴、赌博、吸毒等行为；如果小钟违反该约定，不得对房产提出分割要求。

　　问：（1）该约定属于什么性质？

　　　　（2）这个约定有法律上的约束力么？

　　　　（3）万一小钟违反约定和张先生离婚，她是否能分割到房产？

　　　　（4）如果他们因家庭琐事导致感情破裂，需要离婚调解，你将会从哪些方面入手调解？

参考答案

# 十、婚内共同财产分割

◈ **知识点提炼**

婚内共同财产分割　婚内共同财产分割的条件　婚内共同财产分割的法律效力

◈ **知识点详解**

**婚内共同财产分割**　是指在不解除婚姻关系的前提下对夫妻共同财产进行分割的一项制度。

**婚内共同财产分割的条件**　"婚姻关系存续期间，有下列情形之一的，夫妻一方可以向人民法院请求分割共同财产：（一）一方有隐藏、转移、变卖、毁损、挥霍夫妻共同财产或者伪造夫妻共同债务等严重损害夫妻共同财产利益行为的；（二）一方负有法定扶养义务的人患重大疾病需要医治，另一方不同意支付相关医疗费用。"（《民法典》第一千零六十六条）

**婚内共同财产分割的法律效力**　婚内财产分割的效力依据不同情况来做处理。如果分割婚内财产是因为对方有转移财产等严重损害夫妻共同财产的行为，这种情况下财产分割的效力可以追溯到严重损害财产的行为发生之时，这样做可以避免因一方对共同财产的恶意行为导致无过错方的损失扩大。如果是因为一方不同意支付医疗费等情况的，夫妻财产的分割可以从法院判决生效之时起产生法律效力。

婚内财产分割的效力一是对内效力，二是对外效力。对内效力，是指夫妻财产分割对夫妻双方是有法律约束力的。对外效力，是指如果第三人对婚内财产分割知情，那夫妻一方与第三人的债权债务问题无法对抗夫妻二人的婚内财产分割约定；如果第三人不知情，那婚内财产分割约定是无法对抗善意第三人的。关于第三人是否知情，由夫妻二人承担举证责任。

◈ **选择题**

1. 关于夫妻婚内分割共同财产，下列说法满足分割的条件是　　　　　（　　）

A. 小汪长年偷偷把家里的钱拿去资助老家的亲戚家的小孩读大学，被妻子发现时，已经总共资助了 20 万元。这对于家庭条件一般的小汪夫妻来说，已经是一笔巨款了。妻子以小汪转移夫妻共同财产为由，要求与小汪分割共同财产

B. 陈先生与陈太太夫妻感情冷淡，陈先生担心陈太太会向他提出离婚，故提前开始准备，分多次将存款取现，存入以其兄弟名义办的银行卡中，但该卡还是由陈先生掌控。后此事被陈太太发现，她以陈先生故意转移、隐匿财产为由，提起分割共同财产之诉

C. 金先生的父亲罹患癌症晚期，已经没有治愈的希望，但需要大笔医药费延长生命。金太太认为，反正救治无望，不如回家好好休养，至少不用承担巨额的治疗费。但是金先生不同意带父亲回家休养，认为回家就是等死。金先生无法说服金太太继续支付医药费，便诉至法院，要求分割夫妻共同财产

D. 王太太沉溺赌博，家里已经给她还了 500 多万元的赌债了，但她还是不肯戒赌。王先生见无法说服她，便起诉要求分割夫妻共同财产

## ◈ 案例

1.2004 年 3 月 11 日，原告张某和被告赵某在郴州市苏仙区民政局婚姻登记处登记结婚，婚后生育两个女儿。原告替人维修苹果手机，被告在家当全职太太，一家人的生计全靠原告维持。天有不测风云，2014 年 1 月 4 日，原告在家洗澡，突感胸闷、呼吸不畅，于是拨打了 120 急救电话。在郴州市第一人民医院 ICU（重症加强护理病房）治疗过程中，原告昏迷，至今未醒。被告在原告住院后，知道原告的疾病相当严重，需花费大量的医疗费用，便对原告不管不顾，也不在原告身旁照顾。现原告已欠下大量医疗费，医院、原告的母亲及兄弟多次询问被告欠费的问题，但被告就是不过问，现在更是避而不见。为救原告的一条命，原告母亲以原告法定代理人的身份代为原告诉至法院，请求依法分割下列夫妻共同财产给原告：三处房产及银行存款的一半（以上共同财产的一半价值 30 万元）。[参考案例:（2014）郴北民一初字第 337 号]

问：本案中，并非是一方负有法定扶养义务的人患重大疾病需要医治，而是夫妻一方需要救治，是否能满足分割夫妻共同财产的条件？

参考答案

# 十一、确认亲子关系

## ◆ 知识点提炼

父或母提起的确认亲子关系之诉　成年子女提起的确认亲子关系之诉　确认亲子关系之诉的类型　确认亲子关系的举证规则

## ◆ 知识点详解

**父或母提起的确认亲子关系之诉**　"对亲子关系有异议且有正当理由的，父或者母可以向人民法院提起诉讼，请求确认或者否认亲子关系。"（《民法典》第一千零七十三条第一款）

**成年子女提起的确认亲子关系之诉**　"对亲子关系有异议且有正当理由的，成年子女可以向人民法院提起诉讼，请求确认亲子关系。"（《民法典》第一千零七十三条第二款）

**确认亲子关系之诉的类型**　实践中包括婚生子女否认、非婚生子女认领、非婚生子女否认、婚生子女确认等诉讼类型。

**确认亲子关系的举证规则**　"夫妻一方向人民法院起诉请求确认亲子关系不存在，并已提供必要证据予以证明，另一方没有相反证据又拒绝做亲子鉴定的，人民法院可以推定请求确认亲子关系不存在一方的主张成立。当事人一方起诉请求确认亲子关系，并提供必要证据予以证明，另一方没有相反证据又拒绝做亲子鉴定的，人民法院可以推定请求确认亲子关系一方的主张成立。"[《最高人民法院关于适用〈中华人民共和国婚姻法〉若干问题的解释（三）》①第二条]

## ◆ 案例

1.张某（法律父）与刘某（生母）婚内生育一子，两人离婚后张某因事故死亡，张某的兄弟姐妹请求确认张某与其婚生子之间不存在亲子关系，而刘某在之前的离婚诉讼以及该案诉讼中均承认婚生子并非张某亲生，但拒绝做亲子鉴定。法院认为，虽然《〈婚姻法〉司法解释（三）》第二条第一款将婚生子女否认之诉的主体表述为"夫妻一方"，但在夫妻一方死亡等特殊情形下，根据我国婚姻法、继承法等相关法律规定的精神，应当认可继承人提起亲子关系否认之诉的权利，这也是人伦道德的体现。

问：说明下列说法是否成立及其理由。

（1）在夫妻一方死亡等特殊情形下，根据我国婚姻法、继承法等相关法律规定的精神，应当认可继承人提起亲子关系否认之诉的权利。

（2）将继承权人纳入婚生子女否认诉讼的主体范围，构成了对法律条款的突

---

① 简称《〈婚姻法〉司法解释（三）》。

破，相当于认可了继承利益可超越身份关系稳定等法益设置的防线。

（3）无论刘某之子是否为张某亲生，在刘某否认其是张某亲生的情况下，刘某之子便失去了张某遗产的继承权。

2.黄某（生母）在与陈某1（法律父）的婚姻关系存续期间，又与陈某2（可能的生父、原告）同居并生下陈某3（现已成年、被告）。陈某2诉称，陈某1早年将陈某3抢走并误导其认为陈某1为其生父，现请求法院确认自己与陈某3的亲子关系。陈某3在诉讼中拒绝进行亲子鉴定，辩称自己与没有抚养关系的原告陈某2并无感情，且从小接受陈某1的照料，也不愿伤害一直伴随自己生活的陈某1的感情。法院认为，在缺少亲子鉴定的情况下，原告提出的证据尚不足以否定陈某3与陈某1之间基于婚生推定而成立的亲子关系；鉴于陈某3已经成年而原告未对其进行抚养，若缺乏必要证据而推定亲子关系成立，不利于社会风气、公序良俗，故驳回原告的诉讼请求。

问：说明下列说法是否成立及其理由。

在真实的血缘事实和长期共同生活、形成稳定的亲子关系这两者之间做利益考量的时候，法官会倾向于后者。

参考答案

# 十二、家庭暴力

### ◈ 知识点提炼

家庭暴力 家庭暴力的危害 家庭暴力中所述的家庭成员 家庭暴力的认定
保护措施 家庭暴力告诫制度 人身安全保护令

### ◈ 知识点详解

**家庭暴力** "是指家庭成员之间以殴打、捆绑、残害、限制人身自由以及经常性
谩骂、恐吓等方式实施的身体、精神等侵害行为。"（《中华人民共和国反家庭暴力
法》[①]第二条）

**家庭暴力的危害** 家庭暴力直接作用于受害者，使受害者身体上或精神上感到
痛苦，损害其身体健康和人格尊严。

**家庭暴力中所述的家庭成员** 《民法典》第一千零四十五条规定，配偶、父母、
子女、兄弟姐妹、祖父母、外祖父母、孙子女、外孙子女为近亲属；配偶、父母、子
女和其他共同生活的近亲属为家庭成员。依据《反家暴法》第三十七条[②]规定，基于
同居、寄养、遗赠抚养协议而共同生活的人员也可参照适用《反家暴法》。

**家庭暴力的认定** 不需要有具体的伤害后果，只要有家庭暴力的行为即可。家
庭暴力具有控制性、周期性等特点。

**保护措施** 即家庭暴力的受害者可以寻求帮助的途径。如果正在遭受紧迫危险，
或者是有重大伤害的可能性，应立即拨打 110 报案，也可以向妇联机构寻求帮助。
在紧迫危险解除后，受害者可以向法院申请人身安全保护令，禁止被申请人实施家
庭暴力。若因家庭暴力人身安全受到威胁，且处于生活困境的受害者，可以向当地
救助管理机构申请庇护。《反家暴法》第十四条[③]、第三十五条[④]还规定了学校、幼儿

---

① 简称《反家暴法》。

② 《中华人民共和国反家庭暴力法》第三十七条 家庭成员以外共同生活的人之间实施的暴力行
为，参照本法规定执行。

③ 《中华人民共和国反家庭暴力法》第十四条 学校、幼儿园、医疗机构、居民委员会、村民委
员会、社会工作服务机构、救助管理机构、福利机构及其工作人员在工作中发现无民事行为能力人、限
制民事行为能力人遭受或者疑似遭受家庭暴力的，应当及时向公安机关报案。公安机关应当对报案人的
信息予以保密。

④ 《中华人民共和国反家庭暴力法》第三十五条 学校、幼儿园、医疗机构、居民委员会、村民
委员会、社会工作服务机构、救助管理机构、福利机构及其工作人员未依照本法第十四条规定向公安机
关报案，造成严重后果的，由上级主管部门或者本单位对直接负责的主管人员和其他直接责任人员依法
给予处分。

园、医疗机构、居民委员会、村民委员会、社会工作服务机构、救助管理机构、福利机构及其工作人员的强制报告措施。上述机构及其工作人员发现无民事行为能力人或限制民事行为能力人遭受家庭暴力的应当及时向公安机关报案，若未及时报案造成严重后果的，则会受到相应的处分。对于家庭暴力的实施者，构成违反治安管理行为的，依法给予治安管理处罚；构成犯罪的，依法追究刑事责任。因家庭暴力导致离婚的，无过错方有权请求施暴者进行损害赔偿。

**家庭暴力告诫制度**　是公安机关对依法不予行政处罚的轻微家庭暴力加害人采取训诫、教育、警示等非强制措施，督促加害人改正违法行为的一种治安行政指导。依据《反家暴法》第十六条[1]、第十七条规定[2]，公安机关对那些初次家暴、情节较轻的加害人会出具告诫书，不给予治安管理处罚。告诫书的内容包括加害人的身份信息、家庭暴力的事实陈述、禁止加害人实施家庭暴力等内容。之后居民委员会、村民委员会、公安派出所会对加害人、受害人进行查访，监督加害人不再实施家暴。

**人身安全保护令**　是人民法院为了保护家庭暴力受害人及其子女和特定亲属的人身安全、确保婚姻案件诉讼程序的正常进行而作出的民事裁定。《反家暴法》第二十三条[3]规定，遭受家暴的当事人本人可以向法院申请人身安全保护令，若其本人无法申请的，其近亲属、公安机关、妇女联合会、居民委员会、村民委员会、救助管理机构可以代为申请。《反家暴法》第二十九条还规定了人身安全保护令的内容，包括："（一）禁止被申请人实施家庭暴力；（二）禁止被申请人骚扰、跟踪、接触申请人及其相关近亲属；（三）责令被申请人迁出申请人住所；（四）保护申请人人身安全的其他措施。"人身安全保护令的有效期限为六个月，失效前，申请人可以向人民法院申请延长期限。

### ◈ 选择题

1. 下列情况不属于家庭暴力的是　　　　　　　　　　　　　　　　（　　）

   A. 甲男的妻子家庭条件优于他，所以其妻子总是盛气凌人，不仅对其进行谩骂，而且有时还对其进行殴打

   B. 乙男嗜酒，天天喝醉酒就辱骂殴打其妻儿

---

[1] 《中华人民共和国反家庭暴力法》第十六条　家庭暴力情节较轻，依法不给予治安管理处罚的，由公安机关对加害人给予批评教育或者出具告诫书。告诫书应当包括加害人的身份信息、家庭暴力的事实陈述、禁止加害人实施家庭暴力等内容。

[2] 《中华人民共和国反家庭暴力法》第十七条　公安机关应当将告诫书送交加害人、受害人，并通知居民委员会、村民委员会。居民委员会、村民委员会、公安派出所应当对收到告诫书的加害人、受害人进行查访，监督加害人不再实施家庭暴力。

[3] 《中华人民共和国反家庭暴力法》第二十三条　当事人因遭受家庭暴力或者面临家庭暴力的现实危险，向人民法院申请人身安全保护令的，人民法院应当受理。当事人是无民事行为能力人、限制民事行为能力人，或者因受到强制、威吓等原因无法申请人身安全保护令的，其近亲属、公安机关、妇女联合会、居民委员会、村民委员会、救助管理机构可以代为申请。

C. 甲女想要和男朋友私奔，其父母对其限制人身自由，并偶尔进行打骂

D. 乙女未婚生子，其邻居李某长期对其进行谩骂和侮辱

2. 甲女经常遭受其丈夫的辱骂和殴打，其不适合采取的做法是　　　　（　　）

　　A. 家丑不可外扬，默默不出声忍着

　　B. 找村委会、妇联等求助

　　C. 报警，向公安机关寻求帮助

　　D. 向人民法院申请人身安全保护令

3. 乙女遭丈夫家庭暴力，受到严重伤害，下列不能代其申请保护令的是　（　　）

　　A. 乙女的父母

　　B. 乙女住所地的居民委员会

　　C. 乙女的邻居

　　D. 公安机关

4. 下列行为中人身安全保护令不能禁止的是　　　　　　　　　　　　（　　）

　　A. 被申请人实施家庭暴力

　　B. 被申请人骚扰、跟踪申请人父母

　　C. 被申请人进入夜总会、酒吧、网吧等娱乐场所

　　D. 被申请人进出申请人的住所

5. 下列关于家庭暴力的说法，正确的是　　　　　　　　　　　　　　（　　）

　　A. 家庭暴力至多治安处罚，不会触及刑事犯罪

　　B. 妻子因被家庭暴力而起诉离婚，可以请求损害赔偿

　　C. 同居的男女朋友发生辱骂、殴打，不属于家庭暴力

　　D. 家庭暴力的受害者可以向妇联申请人身安全保护令

## ◆ 案例

1. 李女士的丈夫秦某经商，家里的经济状况还算良好，所以李女士为了照顾两个孩子就安心在家当全职太太。可是好景不长，秦某经商经常遇到不顺心的事，最开始回到家只是一句话都不说，后来发展成一不顺心就对家里的人大吼大叫，最终演变成了打骂李女士、孩子。秦某打骂孩子的时候，李女士都不能上前维护，否则秦某就认为是李女士把孩子惯坏了。

对于秦某对李女士、孩子的打骂，秦某的父母多次劝导李女士要多多包涵和忍耐，说秦某脾气一直不好，等事情过去就好了。可是事情并没有像想象中那样过去，秦某接二连三的家暴终于触碰到了李女士的底线，她决定带孩子回娘家，并且与秦某离婚。之后，秦某经常去李女士娘家骚扰李女士。

问:（1）其实李女士在一开始被家暴的时候就应该采取措施制止，
　　　　有什么建议可以帮助当时的李女士？

　　（2）李女士想要离婚，怎样才能最大化保障她的利益？

参考答案

# 十三、违反夫妻忠诚义务的行为

◈ **知识点提炼**

婚内出轨　有配偶者与他人同居　重婚　净身出户

◈ **知识点详解**

**婚内出轨**　并非法律概念，系婚姻中夫妻一方或者双方违反夫妻忠实义务，在婚姻关系存续期间与婚外异性发生不正当男女性关系。婚内出轨可以体现为多种形式，如偶发性的"一夜情"，与婚外他人多次发生性关系，以及与婚外异性长期姘居，等等。婚内出轨与《民法典》规定的"有配偶者与他人同居"是既有联系又有区别的两个概念。

**有配偶者与他人同居**　是指有配偶者与婚外异性，不以夫妻名义，持续、稳定地共同居住。可见，有配偶者与他人同居的认定标准要远远严格于一般人所认为的婚内出轨，婚内出轨的范围比有配偶者与他人同居宽泛。

如果因"有配偶者与他人同居"而引起离婚诉讼，那么属于法定的准予离婚的情形，且无过错方在离婚时可以要求过错方损害赔偿。

不属于法律规定的婚内出轨，即未能证明有持续、稳定同居的情形，显然违反了夫妻忠实义务，但夫妻忠实属于倡导性条款，目前未能成为离婚时要求赔偿的依据。另外对于涉及公务员、军人等特殊群体，婚内出轨可能亦受到其他法律如《中华人民共和国公务员法》《中华人民共和国刑法》[①]的约束。例如《刑法》第二百五十九条规定了破坏军婚罪，对于明知是现役军人的配偶而与之同居或者结婚的，处以刑事处罚。

**重婚**　属于《刑法》规定的犯罪行为。"有配偶而重婚的，或者明知他人有配偶而与之结婚的，处二年以下有期徒刑或者拘役。"（《刑法》第二百五十八条）

重婚罪既包括与原配偶登记结婚，又与他人登记结婚或以夫妻名义共同生活的情形，也包括明知对方有配偶或事实婚姻，而与其登记结婚或以夫妻名义共同生活的情形。重婚罪强调的是"夫妻名义"，如果没有登记结婚或者没有以夫妻名义共同生活，不属于重婚。一般的"一夜情""包二奶"等婚内出轨行为并不属于重婚。

**净身出户**　关于婚内出轨，最常听到的一句话是"法官，他（她）出轨，我要求他（她）净身出户"。但是因出轨导致离婚的，原则上并不影响共同财产分割和子女抚养权取得，即便是有的法院在分割共同财产时对无过错方有倾斜，这个倾斜也是有限的，达不到净身出户的程度。

如果夫妻双方曾经签订过婚前协议或者婚内签订夫妻财产协议，经过双方协商，

---

① 简称《刑法》。

财产归一方所有，那么在离婚的时候，法院如果认定该协议有效，即按照协议判决财产归一方所有。

或者双方协议离婚，在离婚协议中约定财产归无过错方所有并在民政局做了离婚登记，那么财产可归无过错方所有。

可见，只有在双方协商一致、达成相关协议的情况下，才可以达到净身出户的要求，但是婚内出轨并不能和净身出户画等号。

## ◆ 选择题

1. 关于"一夜情"这种婚内出轨对离婚时财产分割的影响，下列说法正确的是
（　　）
　　A. 法院可以依此判决出轨一方净身出户
　　B. 无过错方可以要求出轨一方离婚时进行精神损害赔偿
　　C. 婚内出轨对财产分割不会有任何影响
　　D. 在分割共同财产时可以要求适当向无过错方倾斜

2. 关于婚内出轨对离婚时孩子抚养权判决的影响，下列说法不正确的是　（　　）
　　A. 两周岁以内的孩子，无论是否存在婚内出轨情形，都要优先考虑母亲
　　B. 八周岁以上的孩子，要听取孩子本人的意愿
　　C. 婚内出轨一方不适合抚养孩子，法院在判决时会向无过错方倾斜
　　D. 法院判决孩子抚养权时，谁经济收入高就判给谁

3. 关于重婚，下列说法不正确的是　　　　　　　　　　　　　　（　　）
　　A. 重婚是刑事犯罪
　　B. 重婚者要承担精神损害赔偿责任
　　C. 婚内出轨行为就是重婚
　　D. 婚内与其他异性以夫妻名义同居就是重婚

4. 婚内出轨在外"包二奶"，其对其他异性支出的财产属于　　　　（　　）
　　A. 出轨一方的个人财产
　　B. 夫妻共有财产
　　C. 无过错一方的财产
　　D. 第三者的个人财产

5. 关于婚内出轨，下列说法正确的是　　　　　　　　　　　　　（　　）
　　A. 婚内出轨只涉及道德问题，并不违法
　　B. 婚内出轨就是重婚
　　C. 无过错方可以要求出轨一方在离婚时承担精神损害赔偿责任
　　D. 即使婚内出轨，法院判决孩子抚养权时，也要考虑双方的经济收入、家庭情况等抚养条件

◆ **案例**

1.陈女士于2004年跟丈夫结婚，紧接着有了两个儿子，两人婚后一直恩爱如初。两个儿子和父母都需要照顾，陈女士为了家庭辞掉了自己前途大好的工作，义无反顾地选择做这个家的"贤内助"。没想到，共同生活了14年后，这种相互体贴的生活方式竟然让丈夫觉得陈女士不再有魅力，在外面出轨，长达2年不回家，与其他异性同居，并且还起诉离婚。

问：(1)陈女士在离婚时怎样才能最大化保障利益？

(2)有哪些证据可以证明她老公婚内出轨事实？

2.赵丽与王勇是青梅竹马，双方结婚后育有一子，婚后感情一直很好。经过两人一起奋斗打拼，他们终于有了自己的公司，生活一度很幸福。但是，2009年赵丽知道了让她十分震惊又痛心的事情，王勇与比其小近20岁的女孩同居已经长达9年。王勇向赵丽承认了错误，保证以后与第三者断绝关系，与赵丽好好生活，并写下保证书，从此不再与第三者联系。但是，没过多久，赵丽发现王勇仍然在与第三者联系，她悲痛欲绝，想要离婚又不舍得这份感情，每天过得很压抑。

问：有哪些意见或者建议可以帮助赵丽，让她摆脱这个状态？

参考答案

# 十四、夫妻相互扶养义务

## 知识点提炼

夫妻扶养　法定义务　不履行扶养义务的法律责任

## 知识点详解

**夫妻扶养**　是指夫妻之间在经济上供养、在生活上扶助的法定权利和义务。

夫妻之间的互相扶养既是权利又是义务，这种权利和义务是平等的。也就是说，丈夫有扶养其妻子的义务，妻子也有扶养其丈夫的义务；夫妻任何一方均有要求对方扶养的权利。

夫妻间的扶养权利义务以经济上相互供养、生活上相互扶助为内容，是婚姻内在属性和法律效力对主体的必然要求。这既是双方当事人从缔结婚姻开始就共生的义务，也是婚姻或家庭共同体得以维系和存在的基本保障。夫妻可以约定双方在婚姻关系存续期间所得的财产的归属，如将其中的某项财产或收入确定归一方所有或双方分别所有。有的夫妻约定各自的工资或收入归各自所有，但这并不意味着夫或妻只负担各自的生活费用而不承担扶养对方的义务，如当一方患有重病时，另一方仍有义务尽力照顾，并提供有关治疗费用。

夫妻扶养从婚姻合法有效成立之时起产生，至婚姻合法有效终止时消灭，在婚姻关系有效存续的整个过程中一直存在且具有法律拘束力，因而是一种状态性的、持续性的法律关系。

**法定义务**　夫妻扶养为法定义务，具有法律强制性。基于夫妻关系的特殊性，夫妻扶养通常在婚姻共同生活中自觉履行。当夫妻一方没有固定收入和缺乏生活来源，无独立生活能力或生活困难，抑或因患病、年老等原因需要扶养，而另一方不履行扶养义务时，需要扶养的一方有权要求对方承担扶养责任。

**不履行扶养义务的法律责任**　夫或妻一方不履行扶养义务时，需要扶养的一方可以根据我国《民法典》第一千零五十九条的规定，要求对方给付扶养费。应当给付扶养费的一方拒绝给付的，需要扶养的一方可以通过诉讼获得扶养费。如果夫或妻一方患病或者没有独立生活能力，有扶养义务的配偶拒绝扶养，情节恶劣，构成遗弃罪的，应当承担刑事责任。

## 选择题

1. 夫妻之间存在以下哪些权利与义务　　　　　　　　　　　　　（　　）

A. 相互学习

B. 相互尊重

C. 相互忠诚，禁止与他人同居

D. 互相扶养的义务与相互继承遗产的权利

2. 夫妻有相互扶养的义务。一方不履行扶养义务时，需要扶养的一方有权利要求对方 （　　）

A. 给予经济补偿

B. 给付扶养费

C. 给付精神损害赔偿

D. 履行扶养义务并给予精神损害赔偿

3. 夫妻扶养义务的产生时间是 （　　）

A. 领取结婚证

B. 生育子女

C. 举行婚礼

D. 订婚

4. 夫妻间有相互扶养的义务，下列说法正确的是 （　　）

A. 夫或者妻一方没有经济收入的时候，即使有夫妻婚内财产约定，另一方也有义务出资扶养另一方

B. 夫妻一方患病需要治疗，另一方有出医疗费的义务

C. 丈夫出轨，常年不归，后来生意失败，一无所有地回来，妻子没有义务扶养他

D. 夫妻之间可以通过协议的方式免除另一方的扶养义务

5. 夫妻之间的相互扶养义务是 （　　）

A. 对世义务

B. 绝对义务

C. 专属义务

D. 可转移义务

### ◆ 案例

1. 许某和于某系夫妻关系。2017年10月，于某检查出患有胃癌，住院期间花费各项医疗费用共计52324.5元。出院后，于某遵医嘱在家休养，夫妻之间产生诸多矛盾，夫妻关系开始僵化。2019年1月，许某将于某赶出家门，于某回到老家生活，许某一直没有前去探望，并且拒绝给付于某后续治疗费用。于某将许某诉至法院，请求判令许某履行扶养义务，并给付医疗费2万元。庭审中，于某提交医院的诊断证明等，证实其患有胃癌未治愈，尚需后期治疗，其劳动能力受影响；并提交了通话录音等材料，证实其多次要求许某给付后期治疗费用，许某均以种种理由拒绝。经法院依职权调查取证，于某无其他收入来源，许某在家养殖生猪，现有生猪20余头，年收入3万余元，高于当地最低的生活保障水平。

问：有什么好的建议可以帮助于某获得医疗费得以继续治疗？

2. 史某系某社区居民，无业。孙某系某工厂工人，月工资约1000元。史某与孙某于2005年6月结婚，婚后，史某由于与孙某及其家人之间存在矛盾，一直未回孙某家居住。史某于2006年1月生了一个女孩，从怀孕直至孩子出生，孙某从未照顾过史某。史某将孙某诉至法院，请求法院判令孙某支付其怀孕期间的租房费、生活费、营养费、保姆费、医疗费、交通费及生产以后每月的生活费等共计1.5万余元。

问：如何帮助史某维护自身权益？

参考答案

# 十五、离婚时的子女抚养

◈ **知识点提炼**

两周岁以下子女抚养的规定　两周岁以上子女抚养的规定　八周岁以上子女抚养的规定　子女抚养费　子女要求增加抚养费的权利　不得因子女变更姓氏而拒付抚养费

◈ **知识点详解**

**两周岁以下子女抚养的规定**　两周岁以下的子女，一般随母方生活。母方有下列情形之一的，可随父方生活：

（1）患有久治不愈的传染性疾病或其他严重疾病，子女不宜与其共同生活的；

（2）有抚养条件不尽抚养义务，而父方要求子女随其生活的；

（3）因其他原因，子女确无法随母方生活的。

父母双方协议两周岁以下子女随父方生活，并对子女健康成长无不利影响的，可予准许。

**两周岁以上子女抚养的规定**　对两周岁以上未成年的子女，父方和母方均要求随其生活，一方有下列情形之一的，可予优先考虑：

（1）已做绝育手术或因其他原因丧失生育能力的；

（2）子女随其生活时间较长，改变生活环境对子女健康成长明显不利的；

（3）无其他子女，而另一方有其他子女的；

（4）子女随其生活，对子女成长有利，而另一方患有久治不愈的传染性疾病或其他严重疾病，或者有其他不利于子女身心健康的情形，不宜与子女共同生活的。

**八周岁以上子女抚养的规定**　应当尊重子女的真实意愿。

**子女抚养费**　"离婚后，子女由一方直接抚养的，另一方应当负担部分或者全部抚养费。负担费用的多少和期限的长短，由双方协议；协议不成的，由人民法院判决。"（《民法典》第一千零八十五条第一款）

**子女要求增加抚养费的权利**　"前款规定的协议或者判决，不妨碍子女在必要时向父母任何一方提出超过协议或者判决原定数额的合理要求。"（《民法典》第一千零八十五条第二款）

**不得因子女变更姓氏而拒付抚养费**　父母不得因子女变更姓氏而拒付子女抚养费。父或母一方擅自将子女姓氏改为继母或继父姓氏而引起纠纷的，应责令恢复原姓氏。

## ◆ 选择题

1. 下列关于夫妻离婚后的子女抚养问题的说法，错误的是 （ ）

　　A. 哺乳期内的子女以随哺乳的母亲抚养为原则

　　B. 抚养费包括生活费、教育费和医疗费，由父母平等地负担，到子女能够读完大学为止

　　C. 当事人可以在以后的生活中随时提出抚养关系和抚养费的变更

　　D. 离婚后不直接抚养子女的父或母有探望子女的权利

2. 离婚后的子女抚养，2 周岁以下的子女 （ ）

　　A. 父母暂不分居，共同抚养

　　B. 一般随父方生活

　　C. 由经济条件好的一方抚养

　　D. 一般随母方生活

3. 对子女抚养的适当处理是指对离婚后子女的抚养、教育和＿＿＿＿＿等问题作出合理的安排 （ ）

　　A. 探望

　　B. 探视

　　C. 抚养

　　D. 照顾

4. 下列关于离婚案件中子女抚养的说法正确的是 （ ）

　　A. 夫妻离婚后，孩子的抚养关系不可变更，抚养费数额可以变更

　　B. 夫妻离婚后，对于 8 周岁以上的子女，抚养归属应当征求其意见

　　C. 夫妻离婚后，子女抚养费的给付期限一般至子女大学毕业为止

　　D. 夫妻离婚后，不直接抚养子女的一方享有探望子女的权利，另一方有协助的义务

5. 在离婚导致的子女抚养问题上，以下说法正确的是 （ ）

　　A. 如果孩子处于哺乳期内，抚养权原则上属于女方

　　B. 抚养费的负担数额和负担期限原则上由法院判决

　　C. 如果抚养费数额经协议确定，则子女不能向任何一方提出超过协议数额的要求

　　D. 如果在抚养问题上双方发生争执，则法院将会根据双方的利益情况判决

## ◆ 案例

1. 王某前年有了外遇，妻子陈某发现王某与小三的合影后知道了一切，于是便向法院提起离婚。陈某通过调查取证，获得了王某与小三共同居住的小区的物业证明、酒店入住登记记录、航空记录以及王某给小三打款的凭证等。面对妻子的离婚要求，王某没有异议，但是双方对于孩子跟谁的问题存在很大的分歧。庭审中，陈某认为王某与他人同居，导致夫妻双方感情破裂，王某对离婚有过错，缺乏家庭责任感，不适合抚养孩子；何况孩子年仅 3 周岁，与母亲相处的时间较多。因此，陈某

请求法院判决孩子归自己抚养，同时要求王某每月支付抚养费6000元，鉴于王某有给付能力，要求其一次性付清。对于孩子抚养权，双方各执一词，都认为自己应该获得抚养权。

问：对于孩子而言，抚养权判决归属哪方更合适？

2. 今年11岁的天天与章先生是父子关系。4年前，母亲与父亲离婚，天天随母亲陈女士共同生活。当时章先生与陈女士都在一家小企业打工，收入不高，因此双方协议章先生每月支付抚养费500元。今年初，陈女士得知章先生这几年生意做得不错，年收入十万多元，经济条件变得很好。而天天现在的生活费、教育费、医疗费等费用的开支，均已超过了原协议，章先生有相应的经济能力补贴儿子生活。故儿子为原告、母亲作为法定代理人向法院起诉，要求章先生每月增加400元、支付儿子抚养费900元。

问：（1）天天是否可以请求父亲增加抚养费？

（2）除了起诉，还有什么途径可以解决？

参考答案

# 十六、父母亡故后的子女关系

## ◆ 知识点提炼

有负担能力的祖父母和外祖父母的抚养义务 有负担能力的兄、姐的扶养义务 有负担能力的孙子女、外孙子女的赡养义务 有负担能力的弟、妹的扶养义务 指定监护

## ◆ 知识点详解

**有负担能力的祖父母和外祖父母的抚养义务** "有负担能力的祖父母、外祖父母，对于父母已经死亡或者父母无力抚养的未成年孙子女、外孙子女，有抚养的义务。"（《民法典》第一千零七十四条第一款）

**有负担能力的兄、姐的扶养义务** "有负担能力的兄、姐，对于父母已经死亡或者父母无力抚养的未成年弟、妹，有扶养的义务。"（《民法典》第一千零七十五条第一款）

**有负担能力的孙子女、外孙子女的赡养义务** "有负担能力的孙子女、外孙子女，对于子女已经死亡或者子女无力赡养的祖父母、外祖父母，有赡养的义务。"（《民法典》第一千零七十四条第二款）

**有负担能力的弟、妹的扶养义务** "由兄、姐扶养长大的有负担能力的弟、妹，对于缺乏劳动能力又缺乏生活来源的兄、姐，有扶养的义务。"（《民法典》第一千零七十五条第二款）

**指定监护** "未成年人的父母已经死亡或者没有监护能力的，由下列有监护能力的人按顺序担任监护人：（一）祖父母、外祖父母；（二）兄、姐；（三）其他愿意担任监护人的个人或者组织，但是须经未成年人住所地的居民委员会、村民委员会或者民政部门同意。"（《民法典》第二十七条第二款）

"对监护人的确定有争议的，由被监护人住所地的居民委员会、村民委员会或者民政部门指定监护人，有关当事人对指定不服的，可以向人民法院申请指定监护人；有关当事人也可以直接向人民法院申请指定监护人。"（《民法典》第三十一条第一款）

"居民委员会、村民委员会、民政部门或者人民法院应当尊重被监护人的真实意愿，按照最有利于被监护人的原则在依法具有监护资格的人中指定监护人。"（《民法典》第三十一条第二款）

"依据本条第一款规定指定监护人前，被监护人的人身权利、财产权利以及其他合法权益处于无人保护状态的，由被监护人住所地的居民委员会、村民委员会、法律规定的有关组织或者民政部门担任临时监护人。"（《民法典》第三十一条第三款）

◆ **选择题**

1. 父母对未成年子女的抚养条件是 （    ）

   A. 子女无严重疾病

   B. 子女无精神障碍

   C. 子女孝顺

   D. 无条件的

2. 依据《民法典》，兄、姐扶养父母已经死亡或父母无力抚养的未成年弟、妹应是 （    ）

   A. 完全自愿扶养

   B. 有能力扶养

   C. 弟、妹愿意接受扶养

   D. 无其他近亲属愿意扶养

3. 未成年人的父母已经死亡或者没有监护能力，下列哪些具有监护能力的人可以担任监护人 （    ）

   A. 有负担能力的祖父母、外祖父母

   B. 有负担能力的兄、姐

   C. 密切的其他亲属、朋友自愿担任且经过同意

   D. 未成年人住所地的居民委员会、村民委员会或者民政部门

4. 祖父母、外祖父母对孙子女、外孙子女的抚养，应根据_____来确定抚养水平 （    ）

   A. 孙子女、外孙子女原来的生活水平

   B. 祖父母、外祖父母与孙子女、外孙子女的约定

   C. 孙子女、外孙子女的实际需要

   D. 祖父母、外祖父母的经济能力

◆ **案例**

1. 王女与李男于 2005 年 1 月 8 日登记结婚，2006 年 2 月 1 日生育男孩小李。2009 年 10 月 10 日，王女与李男在民政局协议离婚，约定小李随王女共同生活。2016 年，王女带小李改嫁他人后生育一子。2016 年 5 月 11 日，王女与李男在法院达成调解协议，自 2016 年 6 月 15 日起小李随李男共同生活。2017 年 10 月 5 日，李男因病去世，小李跟随其祖父母李某、施某共同生活至今。2018 年 12 月 10 日，小李分得土地补偿款 6 万元。2019 年 2 月 10 日，王女以小李系其亲生儿子为由，向法院起诉要求将小李的抚养关系变更为由王女抚养。

问:（1）小李已经 14 周岁，法院变更抚养人是否需要征得小李本人同意？

（2）孩子父母的抚养义务是无条件的，那么当母亲在世时，孩子可否与祖父母形成抚养关系？

2. 小花和小杨是在工作中认识的，两人一见钟情之后迅速同居，小花怀孕后两人领证结婚，婚后小花生下一个男孩。但是好景不长，受到经济和生活各方面的压力，两人争吵不断，小杨多次家暴，小花想与小杨离婚，但是又不舍得让孩子没有父亲。在矛盾不断升级之后，小花在一次家暴中反抗，失手打死了小杨。孩子才一岁多，父母都不能继续抚养孩子了。

问：小花受到刑事制裁，小杨死了，孩子的抚养权归谁？

参考答案

# 十七、子女姓名

### ◈ 知识点提炼

姓名权　变更姓名权

### ◈ 知识点详解

**姓名权**　是公民的一项基本权利。子女可以随父姓，可以随母姓。

**变更姓名权**　根据我国户口登记管理的相关规定，父母可以为未成年子女变更姓名，成年子女有自己决定自己姓名的权利。

夫妻双方离婚后，父母不得因子女变更姓氏而拒付子女抚养费。父或母一方擅自将子女姓氏改为继母或继父姓氏而引起纠纷的，应责令恢复原姓氏。

### ◈ 选择题

1. 姓名权的内容，不包括姓名的　　　　　　　　　　　（　　）

　　A. 命名

　　B. 使用

　　C. 变更

　　D. 依法转让

### ◈ 案例

1. 赵某（男）与王某（女）于1998年6月经人介绍相识并确立恋爱关系，1999年春节登记结婚。2001年3月两人生育一女，女儿随父姓。由于双方性格、生活态度、为人处事等方面不和，两人于2007年8月协议离婚，女儿由女方抚养。离婚后，王某未经赵某同意，将女儿姓名变更为王某某。赵某不同意，向法院起诉要求恢复女儿姓氏。

问：（1）法院会支持赵某的请求吗？

（2）离婚后母亲是否可以不经父亲同意，变更孩子姓氏？

参考答案

# 十八、非婚生子女权益

◆ **知识点提炼**

非婚生子女权益

◆ **知识点详解**

**非婚生子女权益** "非婚生子女"是"婚生子女"的对称,俗称私生子女,是指没有合法婚姻关系的男女所生的子女。如同居、婚前性行为、姘居、通奸乃至被强奸后所生的子女。

婚生子女与非婚生子女的法律地位是相同的,享有相同的权利,承担相同的义务,任何人不得加以危害和歧视。不直接抚养非婚生子女的生父或生母,应当负担子女的生活费和教育费,直至子女能独立生活为止。非婚生子女的抚养费与婚生子女的抚养费适用于同样的法律。

非婚生子女与婚生子女享有同样的遗产继承权。根据《民法典》第一千一百二十七条的规定,存在遗产继承时,非婚生子女按照第一顺位继承人中"子女"的名义发生继承关系。

◆ **选择题**

1. 我国婚生子女与非婚生子女　　　　　　　　　　　　　　　（　　）
   A. 法律地位不同
   B. 享有同等权利
   C. 都属于拟制血亲
   D. 社会地位不同
2. 父母不履行对非婚生子女的抚养义务时,非婚生子女　　　　（　　）
   A. 与不履行抚养义务的父母进行协商
   B. 没有要求父母给付抚养费的权利
   C. 父母在法律上没有抚养非婚生子女的义务
   D. 有要求父母给付抚养费的权利
3. 下列子女中,不属于非婚生子女的是　　　　　　　　　　　（　　）
   A. 未婚男女所生子女
   B. 已婚男女婚外性关系所生子女
   C. 婚姻期间怀孕但于离婚后女方所生子女
   D. 已订婚的男女所生子女

4.《民法典》第一千零七十条规定父母和子女有相互继承遗产的权利，这里的"子女"包括 （　　）

    A. 婚生子女

    B. 非婚生子女

    C. 养子女

    D. 形成抚养关系的继子女

◆ **案例**

1. 王某与李某相识，当时两人均已婚，但还是发生了关系。后来，王某生下一子取名小吴。虽然小吴的出生证上"父亲"一栏中写的是王某丈夫的名字，但他实际是李某的儿子。几年过去，王某离婚，她联系上李某，希望李某能够抚养小吴，但李某否认自己是孩子的亲生父亲。"早就预料到他会不承认，幸亏我把他抽剩的烟头取走，拿去做了亲子鉴定！"王某说，鉴定结论为"不排除李某为小吴的生物学父亲"。然而，李某对此坚决不认可。为讨要孩子的抚养费，王某诉至法院。案件审理期间，王某申请重新进行亲子鉴定，李某坚决拒绝。

问：假设经李某同意再次做亲子鉴定，证明小吴是李某的亲生儿子，那么李某是否需要支付抚养费？

参考答案

# 十九、特殊亲子关系

## ◈ 知识点提炼

继父母与继子女　养子女与养父母　收养登记　收养登记的办理　收养关系的解除　收养关系解除后的义务

## ◈ 知识点详解

**继父母与继子女**　继父母，是指母亲的后夫或父亲的后妻。继父母与继子女关系产生的原因，一是由于父母一方死亡，他方再行结婚；二是由于父母离婚，父或母再行结婚。子女对父母的再婚配偶称为继父或继母。丈夫或妻子对其再婚配偶的子女称为继子女。继父母、继子女关系是由于父或母再婚而形成的姻亲关系。

"继父母与继子女间，不得虐待或歧视。继父或者继母和受其抚养教育的继子女间的权利和义务关系，适用本法关于父母子女关系的规定。"（《民法典》第一千零七十二条）

根据《民法典》第一千一百二十七条的规定，遗产继承的法定顺序是配偶、子女、父母作为第一顺位的法定继承人，这里的"子女"包括婚生子女、非婚生子女、养子女和有扶养关系的继子女，"父母"包括生父母、养父母和有扶养关系的继父母。

"生父与继母或生母与继父离婚时，对曾受其抚养教育的继子女，继父或继母不同意继续抚养的，仍应由生父母抚养。"（《最高人民法院关于人民法院审理离婚案件处理子女抚养问题的若干具体意见》第十三条）

**养子女与养父母**　养子女，是指公民合法收养的得不到父母抚养的子女。自收养关系成立之日起，养父母与养子女间的权利义务关系，适用法律关于父母子女关系的规定。养子女与生父母及其他近亲属间的权利义务关系，因收养关系的成立而消除。

"收养人在被收养人成年以前，不得解除收养关系，但是收养人、送养人双方协议解除的除外。养子女八周岁以上的，应当征得本人同意。"（《民法典》第一千一百一十四条第一款）

**收养登记**　"收养应当向县级以上人民政府民政部门登记。收养关系自登记之日起成立。"（《民法典》第一千一百零五条第一款）

"当事人协议解除收养关系的，应当到民政部门办理解除收养关系登记。"（《民法典》第一千一百一十六条）

在1992年4月1日《中华人民共和国收养法》正式实施前形成收养关系的，不受收养登记相关规定条件的约束，只要是以父母子女名义互称并存在长期共同生活的事实，法院认定双方之间存在事实收养关系。

**收养登记的办理**　收养人应当向收养登记机关提交收养申请书和下列证件、证明材料：

（1）收养人的居民户口簿和居民身份证；

（2）由收养人所在单位或者村民委员会、居民委员会出具的本人婚姻状况、有无子女和抚养教育被收养人的能力等情况的证明；

（3）县级以上医疗机构出具的未患有在医学上认为不应当收养子女的疾病的身体健康检查证明。

收养查找不到生父母的弃婴、儿童的，并应当提交收养人经常居住地计划生育部门出具的收养人生育情况证明；其中收养非社会福利机构抚养的查找不到生父母的弃婴、儿童的，收养人还应当提交下列证明材料：

（1）收养人经常居住地计划生育部门出具的收养人无子女的证明；

（2）公安机关出具的捡拾弃婴、儿童报案的证明。

收养继子女的，可以只提交居民户口簿、居民身份证和收养人与被收养人生父或者生母结婚的证明。

**收养关系的解除**　"收养人不履行抚养义务，有虐待、遗弃等侵害未成年养子女合法权益行为的，送养人有权要求解除养父母与养子女间的收养关系。送养人、收养人不能达成解除收养关系协议的，可以向人民法院提起诉讼。"（《民法典》第一千一百一十四条第二款）

"养父母与成年养子女关系恶化、无法共同生活的，可以协议解除收养关系。不能达成协议的，可以向人民法院提起诉讼。"（《民法典》第一千一百一十五条）

收养关系解除后，养子女与养父母以及其他近亲属间的权利义务关系即行消除。

**收养关系解除后的义务**　"收养关系解除后，经养父母抚养的成年养子女，对缺乏劳动能力又缺乏生活来源的养父母，应当给付生活费。因养子女成年后虐待、遗弃养父母而解除收养关系的，养父母可以要求养子女补偿收养期间支出的抚养费。生父母要求解除收养关系的，养父母可以要求生父母适当补偿收养期间支出的抚养费；但是，因养父母虐待、遗弃养子女而解除收养关系的除外。"（《民法典》第一千一百一十八条）

◈ **选择题**

1. 对待继子女，_____是继父母对继子女的正确态度　　　　（　　）

A. 适当保持距离

B. 将继子女视为亲子女一样对待

C. 试图取代孩子生父母的地位

D. 考虑与伴侣关系再做决定

2. 继子女与继父母形成抚养关系后　　　　　　　　　　　　（　　）

A. 继子女与生父母的权利义务关系即告消除

B. 继子女与生父母的权利义务关系并未消除

C. 继子女在成年后与生父母的权利义务关系即可消除

D. 继子女与生父母的权利义务关系可因继父母的请求而消除

3. 关于继子女对继父母有无赡养义务，下列说法正确的是 （ ）

A. 如果继父母与继子女未形成教育抚养关系，继子女对继父母有赡养义务

B. 如果继父母与继子女形成了教育抚养关系，继子女对继父母有赡养义务

C. 即使继父母与继子女形成了教育抚养关系，继子女对继父母也没有赡养义务

D. 不管继父母与继子女是否形成教育抚养关系，继子女对继父母都有赡养义务

4. 有配偶者收养子女，应当夫妻 （ ）

A. 协商收养　　　　　　　　B. 订立收养协议

C. 一方决定收养　　　　　　D. 共同收养

5. 王某夫妻因无法生育收养一女小王，小王大学毕业之后找不到工作，回家啃老。两老无力承担女儿的生活费，女儿对其态度恶劣。两老想解除收养关系，以下说法不正确的是 （ ）

A. 可以双方协商解除收养关系

B. 协商不成可以起诉至法院

C. 解除收养关系之后，即使王某夫妻年老没有劳动能力，又无生活来源，也无权要求小王承担给付生活费的义务

D. 解除收养关系之后，小王便无权继承王某夫妻的遗产

## ◆ 案例

1. 王某携幼子王某某和李某结婚，婚后未再生育子女，两人悉心将幼子抚养成人。2013年王某病逝，继子王某某称李某八十多岁患有阿尔茨海默病，将李某的身份证、工资卡、房产证、存折等全部拿走，称代其保管。李某多次要求返还，继子王某某拒不返还，还骗李某到医院神经内科接受治疗。李某不满继子的种种侵权行为，委托律师代为起诉到法院，要求返还相关物品，解除与王某某继母子关系并要求王某某每月支付赡养费1000元。

问：王某某是否有赡养李某的义务？

2. 赵女士与王先生曾是夫妻，因二人婚后无法生育，遂于2010年收养2岁女童王小兰，并在民政局办理了收养登记手续。后二人因感情不和，于2018年登记离婚。离婚协议中约定，养女王小兰由赵女士抚养，教育费、医疗费等抚养费用由赵女士承担，王先生有权随时探望王小兰。但是离婚后，王先生一次都没去看过女儿。考虑到孩子的身心健康，赵女士多次与王先生联系，希望他偶尔能在节假日陪伴女儿，但王先生仍然没有什么行动。赵女士担忧，若自己出了什么事，孩子不知道该怎么办。

问：（1）王小兰有没有权利要求王先生支付抚养费？

（2）养父母离婚，收养关系是否自动解除？

参考答案

45

# 二十、生育

## ◆ 知识点提炼

生育权　女性的生育自主权　女性孕产期间的特殊保护

## ◆ 知识点详解

**生育权**　指人们享有生育子女及获得与此相关的信息和服务的权利。在合法的婚姻关系中，男女双方在行使生育权时享有平等的权利，即一方行使生育权的同时不得妨害或制约另一方对生育权的行使。从理论上说，繁衍后代是男女双方的共同行为，该权利的实现应当以双方协商为基础，两个人达成共同的意愿才能实现。在现实生活中，生育下一代最终要依靠女性来完成。

**女性的生育自主权**　生育不是婚姻的必然结果，女性也并非生育工具，公民既然有生育的权利，同样也享有"不生育的自由"。"妇女有按照国家有关规定生育子女的权利，也有不生育的自由。"（《中华人民共和国妇女权益保障法》[①]第四十七条第一款）

女性不仅在照顾、抚育子女方面履行了更多的义务，而且怀孕、生育和哺乳更无法由男人替代，承担了其中的艰辛和风险。因此，法律更多地倾向于保护女性，这既是对生育主体妇女的人文关怀和特殊保护，也是法律公正的体现。

**女性孕产期间的特殊保护**

1. 工作上的特殊保护

用人单位不得安排怀孕女职工从事国家规定的第三级体力劳动强度的劳动和孕期禁忌从事的劳动。对不适宜在原岗位继续工作的，女职工可以根据区、县级以上医疗机构出具的不宜从事原工作的证明，要求单位调整岗位。

2. 工作时间上的特殊保护

对于怀孕七个月以上的女职工，用人单位不得安排其加班或者夜班劳动，并应当在劳动时间内安排一定的休息时间。

怀孕女职工在劳动时间内进行产前检查，所需时间计入劳动时间。

3. 解除劳动合同和裁员的特殊保护

女职工在孕期、产期、哺乳期内的，用人单位不得解除劳动合同。这里的"用人单位"，包括国家机关、企业、事业组织、社会团体等一切雇佣人员的单位。怀孕的女职工不仅在劳动合同的聘用期内不得解除合同，就是在劳动合同期满后，也有继续签劳动合同的权利。

---

[①]　简称《妇女权益保障法》。

4.孕产期间男方提起离婚诉讼的限制

女方在怀孕期间、分娩后一年内或中止妊娠后六个月内，男方不得提出离婚。下列情形除外：（1）女方提出离婚；（2）人民法院认为确有必要受理男方离婚请求的，例如女方有严重过错的情形。

◆ **案例**

1.原告苟某某（女）诉被告谭某某（男）离婚纠纷。

原告苟某某诉称，原、被告于2013年下半年经谭某甲介绍相识恋爱，2015年4月2日在当地民政局登记结婚，于2015年农历2月28日举行结婚仪式。婚后被告经常辱骂原告，不准原告用手机，更不准原告与其父母交流。被告父母经常虐待原告，不让原告在其购买的房屋里生活。由于原、被告婚前感情基础差、缺乏了解，婚后饱受痛苦折磨，在村组干部多次调解下仍无法挽回婚姻，无奈之下，原告于2015年11月离家出走，导致夫妻感情完全破裂，已无和好可能。请求人民法院判令原、被告离婚，原告结婚时的嫁妆归原告所有。

被告谭某某辩称：（1）原告执意要离婚，自己也愿意离婚；（2）原告诉称被告辱骂原告等事实不属实，原告的通话记录可以证明原告说的不是事实，被告并没有不准原告用手机，而是原告怀有身孕，长时间用手机对身体不好，原告在晚上12点后还在继续玩手机，被告无奈才将手机电池拔掉；（3）原告在与亲人的通话中，亲人要求原告将事情闹大，县城里的房子是被告父母购买的，原告父母要求将房屋登记在原、被告名下，但是被告要自己挣钱买房，所以才没有将房屋登记在原、被告名下；（4）原告单方面将小孩打掉，被告现在已经心灰意冷，因此同意离婚；（5）原告结婚时的嫁妆归原告所有没有异议，但是被告用于结婚的彩礼2万元要求返还，结婚时被告方出了4万元，原告方出了6万元，共计10万元，已存入原告的账户，因此要求分割共同财产10万元；（6）原告私自打掉孩子侵犯了被告的生育权，对被告心理造成伤害，要求原告补偿被告1万元的精神损失费。

问：（1）2万元彩礼是否应当返还？

（2）女方私自打胎是否应当赔偿男方精神损失费？

（3）如果应用调解的思维，本案是否另有解决途径？


2.原告张某（女）与被告李某（男）于2012年9月结婚，婚后多年不孕，经医院检查，是李某无生育能力。2013年下半年，夫妻二人通过熟人关系到医院为张某实施人工授精手术2次，均未成功。2014年初，二人到医院再次实施人工授精手术。不久，张某怀孕，并于2015年1月生育一子。之后，夫妻双方常为生活琐事发生争吵，又长期分居，致使感情破裂。

2016年9月，原告张某诉称，双方婚后感情不和，经常吵架，被告对原告及其家人从不关心，致使夫妻感情彻底破裂。现请求与被告离婚；孩子归原告抚养，被告负担抚养费；在各自住处的财产归各自所有。

被告李某辩称，夫妻感情虽已破裂，但是还应以和为好。若原告坚持离婚，被告同意。孩子是原告未经被告的同意接受人工授精所生，与被告没有血缘关系，如果孩子由被告抚养教育，被告可以负担费用；如果孩子由原告抚养，被告不负担费用。同意原告对财产的分割意见。

判决结果：准予原告张某、被告李某离婚。经征求孩子本人意见，孩子由原告张某抚养教育；被告李某每月支付孩子的抚养费500元，至其独立生活时止。财产分割双方无争议。

判后，张某、李某均未提出上诉。

问：请对法院的判决结果进行分析。

参考答案

# 二十一、婚前财产与婚后财产

◆ **知识点提炼**

共同财产与个人财产　财产收益

◆ **知识点详解**

**共同财产与个人财产**　区分婚前财产与婚后财产的时间节点为结婚登记之日。除非另有约定，夫妻一方的婚前财产属于一方的个人财产，且不会因婚姻关系的延续而转化为共同财产。婚后财产即婚姻关系存续期间取得的财产，除非夫妻双方另有约定，否则婚后财产原则上归夫妻共同所有。其例外是：（1）一方因受到人身损害获得的赔偿或者补偿；（2）遗嘱或赠与合同中确定只归夫或妻一方的财产；（3）一方专用的生活用品。

**财产收益**　婚前个人财产在婚后通常会产生收益。婚前财产的婚后收益不能一概认定为夫妻共同财产，而是要考虑收益是否来源于夫妻双方或一方的主动投资管理行为。投资管理行为往往离不开另一方对家庭所做的贡献和付出，所以由此产生的收益，即财产的主动增值，属于夫妻共同财产。不基于投资管理行为而产生的孳息和自然增值则属于个人财产。

《〈婚姻法〉司法解释（二）》第十一条规定，婚姻关系存续期间，一方以个人财产投资取得的收益，属于共同财产。《〈婚姻法〉司法解释（三）》第五条规定，夫妻一方个人财产在婚后产生的收益，除孳息和自然增值外，应认定为夫妻共同财产。

| 财产性质 | 权利归属 | 例外情况 |
|---|---|---|
| 婚前财产 | 个人所有 | 夫妻双方另有约定，可以归共同所有 |
| 婚后财产 | 共同所有 | 夫妻双方另有约定，可以归各自所有；一方因身体受到伤害获得的费用等前文列举的三种情况，归一方所有 |
| 婚前财产的婚后收益 | 除孳息和自然增值外，均为共同所有 | / |

◆ **选择题**

1. 以下属于一方专用的生活用品的是　　　　　　　　　　　　　　（　　）

　A. 男方用于通勤的奔驰牌机动车

　B. 全球限量款女式 LV 包

　C. 男方随身佩戴的玉佩

　D. 女方工资卡中的存款

2. 甲、乙是夫妻，甲在婚前发表画作《爱情》，婚后获得稿费。乙在婚姻存续期间发表画作《婚姻》，离婚后获得稿费。甲在婚姻关系存续期间创作画作《自由》，离婚后发表并获得稿费。下列哪种说法不正确 （　　）

　　A.《爱情》的稿费属于夫妻共同财产

　　B.《婚姻》的稿费属于夫妻共同财产

　　C.《自由》的稿费属于甲方个人财产

　　D.《爱情》《婚姻》《自由》的稿费都属于夫妻共同财产

3. 在婚姻关系存续期间取得的以下财产，属于个人财产的是 （　　）

　　A. 一方应当取得的养老保险金

　　B. 一方因身体受到伤害获得的医疗费

　　C. 一方实际取得的住房公积金

　　D. 一方以个人财产投资取得的收益

4. 在夫妻双方未另有约定的情况下，下列说法正确的是 （　　）

　　A. 夫妻分居期间，一方取得的财产为其个人财产

　　B. 夫妻双方不能约定婚前财产归共同所有

　　C. 婚前财产自结婚登记之日起经过八年即转化为共同财产

　　D. 婚后以共同财产购买、登记在一方名下的财产，为夫妻共同财产

5. 李某从国外写信表示赠与其侄女李静 5000 欧元，李静表示同意。但此款当时未实际给付。李静不久后与郑华登记结婚，婚后李静收到李某赠与的 5000 欧元，依照法律该笔钱款 （　　）

　　A. 属于李静的婚前个人财产

　　B. 属于李静与郑华的夫妻共同财产

　　C. 属于婚前取得，但归李静与郑华共有

　　D. 由法院确定其归属

◆ **案例**

1. 马某因其祖传的四合院拆迁而获得 900 万元拆迁款。与吕某结婚后，马某以拆迁款购置了 2 套房屋并登记在自己名下，剩余拆迁款用于投资股票和存入银行。房屋装修完毕后马某又将房屋对外出租。

问：上述马某的哪些财产是婚后财产？哪些财产是共同财产？

2. 张某和王某两人都曾过有一段婚姻，都有各自的子女。由于未来两人婚后财产归属可能出现变动，双方与其子女的关系会不再如往常和睦，双方考虑到子女的态度所以迟迟没有登记结婚。

问：有哪些办法可以解决张某和王某对结婚的顾虑？

参考答案

# 二十二、离婚

## ◈ 知识点提炼

离婚　法定离婚的情形　限制或不得离婚的情形　无民事行为能力人的离婚　协议离婚　离婚冷静期　诉讼离婚　离婚损害赔偿　离婚经济补偿

## ◈ 知识点详解

**离婚**　指夫妻双方通过协议或诉讼的方式解除婚姻关系，终止夫妻间权利和义务的法律行为。

**法定离婚的情形**　是指人民法院审理离婚案件时，准予或不准离婚的界限。

根据《民法典》第一千零七十九条的规定，人民法院在审理离婚案件时，如发现有下列情形之一，夫妻感情确已破裂，调解无效的，应准予离婚：重婚或者与他人同居；实施家庭暴力或虐待、遗弃家庭成员；有赌博、吸毒等恶习屡教不改；因感情不和分居满二年；其他导致夫妻感情破裂的情形。一方被宣告失踪，另一方提起离婚诉讼的，应当准予离婚。经人民法院判决不准离婚后，双方又分居满一年，一方再次提出离婚诉讼的，应当准予离婚。

在离婚案件审理中，判断夫妻感情是否确已破裂，应当从婚姻基础、婚后感情、离婚原因、夫妻关系的现状和有无和好的可能等方面综合分析。《最高人民法院关于人民法院审理离婚案件如何认定夫妻感情确已破裂的若干具体意见》，系最高人民法院根据《婚姻法》的有关规定和审判实践经验作出的总结和归纳，规定凡属下列情形之一的，视为夫妻感情确已破裂，一方坚决要求离婚，经调解无效，可以依法判决准予离婚。

（1）一方患有法定禁止结婚的疾病，或一方有生理缺陷及其他原因不能发生性行为，且难以治愈的。

（2）婚前缺乏了解，草率结婚，婚后未建立起夫妻感情，难以共同生活的。

（3）婚前隐瞒了精神病，婚后经治不愈，或者婚前知道对方患有精神病而与其结婚，或一方在夫妻共同生活期间患精神病，久治不愈的。

（4）一方欺骗对方，或者在结婚登记时弄虚作假，骗取《结婚证》的。

（5）双方办理结婚登记后，未同居生活，无和好可能的。

（6）包办、买卖婚姻，婚后一方随即提出离婚，或者虽共同生活多年，但确未建立起夫妻感情的。

（7）因感情不和分居已满三年，确无和好可能的，或者经人民法院判决不准离婚后又分居满一年，互不履行夫妻义务的。

（8）一方与他人通奸、非法同居，经教育仍无悔改表现，无过错一方起诉离婚，

51

或者过错方起诉离婚，对方不同意离婚，经批评教育、处分，或在人民法院判决不准离婚后，过错方又起诉离婚，确无和好可能的。

（9）一方重婚，对方提出离婚的。

（10）一方好逸恶劳、有赌博等恶习，不履行家庭义务，屡教不改，夫妻难以共同生活的。

（11）一方被依法判处长期徒刑，或其违法、犯罪行为严重伤害夫妻感情的。

（12）一方下落不明满二年，对方起诉离婚，经公告查找确无下落的。

（13）受对方的虐待、遗弃，或者受对方亲属虐待，或虐待对方亲属，经教育不改，另一方不谅解的。

（14）因其他原因导致夫妻感情确已破裂的。

**限制或不得离婚的情形**

（一）孕产期间离婚

女方在怀孕期间、分娩后一年内或中止妊娠后六个月内，男方不得提出离婚。下列情形除外：（1）女方提出离婚；（2）人民法院认为确有必要受理男方离婚请求的，例如女方有严重过错的情形。

（二）军人离婚

为了保护现役军人婚姻家庭的稳定性，《民法典》第一千零八十一条规定了一项特殊保护条款，即现役军人的配偶要求离婚的，应当征得军人同意，但军人一方有重大过错的除外。

**无民事行为能力人的离婚**　无民事行为能力人的配偶有虐待、遗弃等严重损害无民事行为能力人一方的人身权利或者财产权益的行为，其他有监护资格的人，可以依照特别程序要求变更监护关系；变更后的监护人，代理无民事行为能力人依法提起离婚诉讼的，人民法院应予受理。

无民事行为能力人离婚要注意三点：（1）适用于无民事行为能力人，对限制民事行为能力人不适用；（2）通常情况下离婚诉讼不得代理，但对于无民事行为能力人属于例外，规定可以由监护人代理；（3）由于无民事行为能力人的配偶就是其法定监护人，故须先依法定程序变更监护人后才能进行离婚诉讼。

**协议离婚**　协议离婚又称两愿离婚或登记离婚，不用经过人民法院准许。

"夫妻双方自愿离婚的，应当签订书面离婚协议，并亲自到婚姻登记机关申请离婚登记。离婚协议应当载明双方自愿离婚的意思表示和对子女抚养、财产以及债务处理等事项协商一致的意见。"（《民法典》第一千零七十六条）

"婚姻登记机关查明双方确实是自愿离婚，并已经对子女抚养、财产以及债务处理等事项协商一致的，予以登记，发给离婚证。"（《民法典》第一千零七十八条）

**离婚冷静期**　"自婚姻登记机关收到离婚登记申请之日起三十日内，任何一方不愿意离婚的，可以向婚姻登记机关撤回离婚登记申请。前款规定期限届满后三十日内，双方应当亲自到婚姻登记机关申请发给离婚证；未申请的，视为撤回离婚登记申请。"（《民法典》第一千零七十七条）

**诉讼离婚**　指夫妻双方就是否离婚或者财产的分割、债务的分担、子女的抚养等问题无法达成一致的意见，而向人民法院起诉，人民法院经过审理后，通过调解或判决解除婚姻关系的一种离婚制度。

**离婚损害赔偿** 《民法典》第一千零九十一条规定，有下列情形之一导致离婚的，无过错方有权请求损害赔偿：重婚；与他人同居；实施家庭暴力；虐待、遗弃家庭成员；有其他重大过错。

**离婚经济补偿** "夫妻一方因抚育子女、照料老年人、协助另一方工作等负担较多义务的，离婚时有权向另一方请求补偿，另一方应当给予补偿。具体办法由双方协议；协议不成的，由人民法院判决。"（《民法典》第一千零八十八条）

## ◆ 案例

1. 原告黄某（男方）与被告李某（女方）经人介绍，于2015年1月13日登记结婚，于2016年9月21日生育一子黄某赐。后双方因生活琐事发生矛盾，导致关系不睦，夫妻感情渐趋淡漠。原告于2017年2月5日向法院提起离婚诉讼。

原告诉称：被告生下孩子以后没几天即返回娘家居住，原告及家人多次去接，也托人去劝说，均不回来。现夫妻感情确已破裂，已无和好的可能。请求：依法判决原、被告离婚；婚生一子由原告抚养，被告依法支付抚养费。

被告答辩称：双方感情没有完全破裂，原告没有证据证实感情已破裂，原告起诉违反法律规定，请求法庭判决不准离婚。假如法院判决离婚，婚生子应由被告抚养，原告支付抚养费，同时二人所购置的房屋应当作为夫妻共同财产进行分割。

问：（1）人民法院是否应当支持原告之诉请？

（2）男方如果申请婚姻家事调解，可能会对其有何帮助？

2. 原告陈某（女方）与被告陆某甲（男方）于2015年3月6日登记结婚，于2015年5月8日生育一女陆某乙。2015年12月12日，双方协议离婚并于当天办理了登记离婚手续。此后，陆某甲与罗某结婚，2016年5月4日，陆某甲与罗某的女儿陆某丙出生。原告陈某知晓陆某丙出生之事后，认为被告在与原告婚姻关系存续期间就与第三者同居，故而诉至法院，请求判令被告向原告赔礼道歉，被告赔偿原告精神损失5万元，诉讼费由被告承担。

被告辩称：双方离婚的原因在于原告人品差，对被告父母极不尊重；日常生活自理能力缺乏，其父母过多干涉两人生活；贪图钱财，爱攀比，追求个人享受；家庭教养差；从不关心家人，没有温暖感，一味索取，不讲贡献。离婚前，原告的父母完全同意甚至表态支持原告离婚。针对离婚协议事项，原告专门约被告谈判，且主动约被告办理离婚事宜。事情发展到如此地步，原告是离婚事件的制造者，有不可推卸的责任，其提出5万元的精神损失费系无理要求。

问：（1）离婚后发现对方婚内出轨能否请求精神损害赔偿？

（2）相比于起诉至法院，如果当事人申请婚姻家事调解，是否更能化解矛盾？如果你是调解员，你将从哪些角度给出调解方案？

参考答案

# 二十三、离婚时的房产分割

◆ **知识点提炼**

婚前购房　父母出资购房　婚后购房　补偿价格

◆ **知识点详解**

**婚前购房**　婚前购房可以分为两种情况：一种是婚前个人全款购房；另一种是贷款购房，在婚前付完首付，婚后继续还贷款。

在第一种情况下，婚前个人全款买的房是其个人的婚前财产，离婚时不予分割。而在第二种情况下，《〈婚姻法〉司法解释（三）》第十条规定："夫妻一方婚前签订不动产买卖合同，以个人财产支付首付款并在银行贷款，婚后用夫妻共同财产还贷，不动产登记于首付款支付方名下的，离婚时该不动产由双方协议处理。依前款规定不能达成协议的，人民法院可以判决该不动产归产权登记一方，尚未归还的贷款为产权登记一方的个人债务。双方婚后共同还贷支付的款项及其相对应财产增值部分，离婚时应根据《婚姻法》第三十九条第一款[①]规定的原则，由产权登记一方对另一方进行补偿。"所以，这种情况下，房子虽然是属于一方个人的，但是婚后还贷款的钱属于夫妻共同财产，这部分对应的增值部分也是夫妻共同财产，要给另一方适当补偿。

**父母出资购房**　父母出资购房也可以分为两种情况：一种是婚前父母出资购房；另一种是婚后父母出资购房。

在第一种情况下，若是婚前父母出资购房，父母的出资属于对其子女个人的赠与，房产属于其子女婚前个人财产。而在第二种情况下，又可以分为是一方父母出资还是双方父母出资。如果是一方父母出资，房子是登记在其子女一人名下还是登记在双方名下，房产的归属是有区别的；如果是双方父母出资，根据出资额的不同，双方的房产所有权比例也有所不同。

《〈婚姻法〉司法解释（三）》第七条第一款规定："婚后由一方父母出资为子女购买的不动产，产权登记在出资人子女名下的，可按照《婚姻法》第十八条第（三）项[②]的规定，视为只对自己子女一方的赠与，该不动产应认定为夫妻一方的个人财产。"所以，若是婚后一方父母出资购房，房产登记在夫妻双方名下，则该房子属于夫妻共有财产；若是登记在出资父母的子女一人名下，则是其个人财产。

《〈婚姻法〉司法解释（三）》第七条第二款规定："由双方父母出资购买的不动产，产权登记在一方子女名下的，该不动产可认定为双方按照各自父母的出资份额按份共有，但当事人另有约定的除外。"所以，若是婚后双方父母出资购房，产权登记在

---

① 现为《民法典》第一千零八十七条第一款。

② 现为《民法典》第一千零六十三条第（三）项。

一方名下，则夫妻双方根据父母出资额按份共有。

**婚后购房** 婚后一方或双方以夫妻共有财产购房的，房子属于夫妻共有。婚后一方以个人财产出资全款购房的，应该属于其个人财产，离婚时另一方无权请求分割。但是在这种情况下，必须证明购房款是完全属于夫妻一方的个人财产，没有与夫妻共有财产进行混同。

**补偿价格** 离婚时对夫妻共有的房产进行分割，经常会出现一人拿房、一人拿钱的结果，这种情况就是夫妻一方拿房子，另一方获得房子价值一半的金额补偿。这个房价是以离婚时该房屋在市场上的价格为标准的，而不是以购房时的价格为标准。此外，在夫妻一方婚前个人购房并付完首付、婚后继续还贷款的情况下，房子虽然属于其个人，但离婚时仍要给予另一方适当补偿。关于这个补偿金额，最高人民法院民事审判第一庭和浙江省高级人民法院分别给出了两种不同的计算公式：

最高人民法院民一庭：

$$\left(\text{共同还贷部分} \times \frac{\text{现有价值}}{\text{购买时价格}+\text{共同还贷利息}+\text{其他费用}}\right) \div 2 = \text{补偿金额}$$

浙江省高级人民法院：

$$\left(\frac{\text{婚后还贷本息总额}}{\text{购买时房价}+\text{应还贷款利息总额}} \times \text{离婚时房价}\right) \div 2 = \text{补偿金额}$$

上述公式各有特点，但均将购房时的房价作为计算的一个考量，未考虑到购房与结婚的实际时间可能有较长的差距，使得上述计算对婚前买房一方有失公允。故而在实际的审判中，基层人民法院也有其他的计算方法。

浙江省法学会婚姻法学研究会经过研讨，也给出了计算公式以供大家参考：

$$\left(\text{婚后还贷本息总额} \times \frac{\text{离婚时房价}}{\text{结婚时房价}+\text{应还贷款利息总额}}\right) \div 2 = \text{补偿金额}$$

◆ **选择题**

1. 婚前某甲自己买的房子，在离婚的时候怎么分割　　　　　　　　（　　）

   A. 属于某甲个人的婚前财产

   B. 属于夫妻共有财产，平均分割

   C. 属于夫妻共有财产，但某甲可以多分

   D. 属于夫妻按份共有的财产

2. 婚前某甲自己付首付买了套房子，婚后仍然在还贷款，离婚时怎么分割 （　　）

    A. 属于某甲的个人财产

    B. 属于夫妻共有财产，但某甲可以多分

    C. 属于夫妻共有财产，平均分割

    D. 房子归某甲所有，但要对另一方进行适当补偿

3. 婚前某甲父母出资为某甲购买的房子，房子一直在某甲个人名下，离婚时怎么分割 （　　）

    A. 是对某甲的个人赠与

    B. 是某甲父母的财产

    C. 是对某甲夫妻的赠与，平均分割

    D. 是对某甲夫妻的赠与，但某甲可以多分

4. 婚后某甲父母出资为某甲购买的房子，并且登记在某甲夫妻名下，离婚时怎么分割 （　　）

    A. 是对某甲夫妻的赠与，平均分割

    B. 是对某甲夫妻的赠与，但某甲可以多分

    C. 是对某甲的个人赠与

    D. 是某甲父母的财产

5. 婚后某甲和其配偶的双方父母出资购买的房子，登记在某甲名下，离婚时怎么分割 （　　）

    A. 属于某甲的个人财产

    B. 属于夫妻共有财产，平均分割

    C. 属于夫妻共有财产，但某甲可以多分

    D. 属于夫妻根据父母出资额按份共有财产

## ◆ 案例

1. 在杭州打拼数年的小丽和小王于 2009 年相识并登记结婚。因为小王是家里的独子，2011 年小王的父母拿出自己大半辈子攒的 100 万元积蓄支付了首付，为小王贷款买了一套商品房，这套房子登记下小王个人名下。2017 年，小王和小丽因为感情不和闹离婚，小丽向法院起诉离婚，并要求分割房产。小王表示两人感情破裂，已经无法继续共同生活，同意离婚，但是房子是在自己名下的，应该归自己一人所有。

问：由小王父母部分出资的这套房子，小丽可以分割吗？

参考答案

2. 小张和小玲于 2012 年结婚，婚后购买了一套房子，购买价格是 340 万元，首付 110 万元，贷款 230 万元，2018 年夫妻二人因感情不和离婚。该套房子现值 460 万元，未还贷款 130 万元。

问：房子如何分割？

# 二十四、离婚时一方生活困难

◆ **知识点提炼**

生活困难　适当帮助

◆ **知识点详解**

**生活困难**　"《婚姻法》第四十二条 [①] 所称'一方生活困难',是指依靠个人财产和离婚时分得的财产无法维持当地基本生活水平。一方离婚后没有住处的,属于生活困难。"[《〈婚姻法〉司法解释(一)》第二十七条]

可见,生活是否困难有两个方面的情况:一是离婚时分得的财产能否维持当地基本生活水平;二是离婚后有没有住处。对于前一种情况,应从困难方的职业、父母家庭状况、财产分割以及小孩抚养等方面,根据一般社会经验进行综合考量。对于后一种情况,则应注意正确理解"一方离婚后没有住处"的问题。是否没有住处都一概认定为生活困难?如果一方离婚后虽然没有住房,但却拥有较多的其他个人财产,完全有经济能力买房,显然就不属于生活困难。因此,在处理该类案件时,应注意凡离婚后有能力以自己的财产购买房屋者,不能认定为生活困难。

**适当帮助**　一方以个人财产中的住房对生活困难者进行帮助的形式,可以是房屋的居住权或房屋的所有权,但是以住房以外的形式进行帮助的,经济帮助的数额应如何确定?司法实践中通常从多个方面确定经济帮助的数额:一是提供经济帮助一方的财产及经济收入情况,如果帮助方收入较多,经济帮助的数额可相应多一些;二是受帮助一方的劳动能力、受教育程度、健康状况和社会就业率等;三是当地经济发展水平等。

法院在判决时,除了考虑帮助方的经济条件外,还考虑受助方的具体情况和实际需要,实践中通常采用的做法是:(1)受助方年龄较轻且有劳动能力,只是生活上暂时存在困难的,则采用给予短期或一次性支付帮助费用的办法;(2)结婚多年,受助方年老体弱,失去劳动能力而又没有生活来源的,帮助方应在居住或生活等方面给予适当的安排,必要时可给予长期的经济帮助;(3)在执行帮助期间,受助一方另行结婚或经济收入足以维持生活时,对已经确定的帮助费尚未执行或者未全部执行的,帮助一方即可停止给付;(4)原定经济帮助执行完毕,受助方又要求对方再给予帮助的,人民法院一般不予支持。

"离婚时,如果一方生活困难,有负担能力的另一方应当给予适当帮助。具体办法由双方协议;协议不成的,由人民法院判决。"(《民法典》第一千零九十条)此谓之离婚经济帮助义务。在现实中,化解此类矛盾纠纷的,调解要比判决更能解决实际问题。

_____

[①] 　现为《民法典》第一千零九十条。

## ◈ 选择题

1. 结婚多年的配偶在离婚时，一方年老病残，失去劳动能力而又无生活来源的，另一方应当 （  ）

    A. 给予适当的经济帮助

    B. 维持其生活

    C. 负完全扶养义务直到死亡

    D. 以上说法均不正确

2. 离婚时，一方因生活困难需要另一方帮助的，应当具备一些条件。下列说法错误的是 （  ）

    A. 离婚后一方任何时间发生生活困难，另一方都必须给予帮助

    B. 一方生活困难的情形：没有住房；失去劳动能力且无生活来源等

    C. 提供帮助的一方有负担能力

    D. 生活困难的一方没有再结婚组成新的家庭

3. 在执行帮助期间，受助一方另行结婚或经济收入足以维持生活时，对已经确定的帮助费尚未执行或者未全部执行的，应该如何处理 （  ）

    A. 帮助一方即可停止给付

    B. 帮助一方继续执行

    C. 双方协商处理，协商不成起诉到法院

    D. 以上说法均不正确

4. 下列哪种说法是错误的 （  ）

    A. 一方生活困难必须是靠自己无力解决的，如果生活水平下降或者依靠自己的能力和工作能够解决的，不能算生活困难

    B. 经济帮助仅限于对离婚时生活困难的一方提供的帮助。如果离婚时并没有生活困难的情形，在离婚一段时间之后才发生生活困难的，不属于需要帮助的范围

    C. 提供经济帮助的一方须有负担能力，即有能力提供帮助。若本身没有负担能力的，可以不提供经济帮助

    D 离婚时，生活困难的一方以生活困难为由可以要求多分夫妻共同财产

## ◈ 案例

1. 2000 年 4 月，李某（男）与张某（女）经人介绍认识并恋爱。2001 年 2 月 24 日，双方在原某县人民政府自愿登记结婚，开始共同生活。结婚之初，夫妻感情尚好。最近三四年，张某不尽家庭义务，不干家务，不关心李某，双方夫妻感情确已破裂，李某提出离婚。张某现无房居住，经济条件比较困难，同意离婚，但是要求李某提供经济帮助，否则不予离婚。

问：张某请求李某给予经济帮助是否合理？

2. 钱某（男）和孙某（女）经人介绍相识，经过一段时间的恋爱后办理了结婚登记。婚后孙某在一次交通事故中受伤，丧失了劳动能力。七年后，两人因为感情破裂决定离婚。离婚时，孙某提出自己丧失劳动能力，又没有其他经济来源，希望钱某能够给予帮助，而钱某认为自己也是工薪阶层，不同意孙某的要求。两人为此闹到了法院。

问：法院对此会如何处理？

参考答案

# 二十五、转移、隐匿财产或伪造债务

### 知识点提炼

转移、隐匿财产　伪造债务

### 知识点详解

**转移、隐匿财产**[①]　指在婚姻存续期间恶意转移或隐匿夫妻共同财产，达到一方占有的目的。

**伪造债务**[②]　指在婚姻存续期间，借用伪造借条等方式，虚构债权债务关系，恶意增加夫妻共同债务，以达到虚构债务一方在分割夫妻共同财产时获利的目的。

### 选择题

1. 下列债务中需要夫妻共同承担的是 　　　　　　　　　　　（　　）

    A. 丈夫一方伪造的 20 万元借款

    B. 妻子一方虚构交易合同产生的欠款 30 万元

    C. 丈夫未经妻子同意向好友借款 40 万元用于赌博

    D. 妻子未经丈夫同意向前夫借款 50 万元用于家庭开支

2. 下列属于转移财产行为的是 　　　　　　　　　　　　　　（　　）

    A. 丈夫买彩票用去 500 元

    B. 妻子因好朋友举办婚礼急需用钱借出 2 万元

    C. 丈夫未经妻子同意请客吃饭用去 800 元

    D. 丈夫瞒着妻子将家庭账户中的 10 万元转到情人的卡上

3. 下列属于伪造债务行为的是 　　　　　　　　　　　　　　（　　）

    A. 丈夫开车不慎刮擦，修车用去 5000 元，为防止妻子生气而隐瞒了这一事实

    B. 妻子冲动购物花去 2 万元，事后未告知丈夫

    C. 妻子和闺蜜商定伪造借条，以在离婚时多分财产

    D. 丈夫在朋友面前吹嘘自己欠马云 2 亿元所以现在生活窘迫

---

①② 《中华人民共和国民法典》第一千零九十二条 夫妻一方隐藏、转移、变卖、毁损、挥霍夫妻共同财产，或者伪造夫妻共同债务企图侵占另一方财产的，在离婚分割夫妻共同财产时，对该方可以少分或者不分。离婚后，另一方发现有上述行为的，可以向人民法院提起诉讼，请求再次分割夫妻共同财产。

### ◈ 案例

1. 一对夫妻，丈夫负责在外做生意赚钱养家，妻子负责在家带孩子，孩子目前已经6岁了。但丈夫有个坏习惯，一旦工作不顺就会打妻子，因此妻子非常痛苦。有一天，妻子再一次被家暴，终于忍无可忍，向老公提出离婚。此时，丈夫拿出好几份欠条，说："离婚可以，但你要帮我把钱还了，反正是夫妻共同债务。"原来，丈夫常年在外赌博，债台高筑，总共欠了100多万元，但欠条上只有丈夫的签字，没有妻子的签字。

　　问:（1）离婚时如何证明一方伪造债务?

　　　　（2）离婚时法院通常怎样处理伪造债务?

2. 天津的陈某和王某原本是夫妻，两人于2008年因感情不和协议离婚，双方在协议中约定：婚生子陈某某离婚后由女方抚养，陈某定期给付王某抚养费和教育费；现住公房及房屋内所有物品归女方所有；现金、存款上双方不存在共同财产，离婚时互不干涉，无需再分割；男方经营的公司、所有的汽车等财产，离婚后归属男方。2015年，王某在作为陈某某的法定代理人依据离婚协议要求陈某付抚养费时，发现陈某现住房是其与王某婚姻关系存续期间购买，陈某在离婚时对该房屋进行了隐瞒。故此，2016年王某以此为由起诉到法院，要求判决涉案房屋全部归自己所有。

　　被告陈某辩称，王某的起诉期早已超过两年的诉讼时效，而且当时双方因为感情不和从2001年便已经开始分居，涉案的房屋是其在分居期间完全用个人财产购买的，应属于个人财产。同时，离婚协议中的公房在离婚时王某已经取得完全产权，与公房相比，现住房在离婚时价值较小，而且购买此房也告诉过王某，故对于该房屋完全没有隐藏的动机和必要。况且，双方在离婚协议中明确约定"所有的汽车等财产，离婚后归属男方"，自己的现住房理应属于个人财产，因此不同意王某的诉讼请求。

　　问:（1）陈某的行为是否属于隐藏夫妻共同财产? 王某是否可以依据《民法典》
　　　　第一千零九十二条的规定分得全部房产?

　　　　（2）婚姻存续期间个人债务有哪些?

　　　　（3）离婚后发现对方有隐藏、转移、变卖、毁损、挥霍夫妻共同财产的行
　　　　为或伪造债务侵占另一方财产的行为应如何处理?

参考答案

# 二十六、夫妻共同财产的特殊类型

## ◈ 知识点提炼

夫妻共同财产　股权激励　投资性财产　网络商店经营权　知识产权

## ◈ 知识点详解

**夫妻共同财产**　是指除法律另有规定或者夫妻另有约定的以外，夫妻一方或者双方在婚姻关系存续期间所得的财产。根据《民法典》，认定的夫妻共同财产范围应具有以下特征：夫妻间具有合法有效的婚姻关系；是在婚姻存续期间内取得的共同财产；获取的财产是实际所有，并不要求实际占有；财产的来源可以是夫妻一方，也可以是双方。

《民法典》第一千零六十二条相关条款概括性地规定了多种形式的夫妻共同财产，虽然规定中留有"其他应当归共同所有的财产"的司法解释余地，但伴随现代社会经济的高速发展，财产的具体表现形态也趋向多元化，传统的财产认定方式已不能满足当下的司法实践需求，对一些新型财产的鉴定、分割需要更深入的推理论证。

**股权激励**　股权激励是企业拿出部分股权作为附有条件的奖励，用以激励企业高级管理人员或优秀员工的一种方法。它具有三方面特征：（1）人身专属性。股权激励协议是公司与特定员工之间的约定，不能进行任何形式的流转和担保。（2）附条件性。员工只有在达成股权激励协议中约定的条件时，才具备行权资格，所以股权激励是一种期待可能性的财产权利，而非已经现实存在的财产权利。（3）不确定性。由于各种原因，股权激励协议可能无法实现，或行权时股权价值无法达到员工的心理预期。股权激励的特征，无疑加大了夫妻离婚时对其分割的难度。

在履行股权激励协议的过程中，员工往往要大幅度提高工作的参与度，而个体的时间和精力都是有限的，这会使得夫妻另一方对家庭付出更多。依据《民法典》第一千零六十二条和《〈婚姻法〉司法解释（三）》第五条的规定，婚姻存续期间只要一方或者双方付出了一定的劳动而取得的收益，一般都认定为夫妻共同财产。所以如果仅以股权激励协议签订的时间是婚前还是婚后为财产划分的标准，显然有失公允。

在司法实践中通常有两种情况。离婚前便达成行权条件的，此种情形下，尽管夫妻一方怠于将股权激励协议中的权益变现，但其所取得的行权收益应该属于婚姻关系存续期间的夫妻共同财产，因此应该进行分割。离婚时行权条件尚未成熟的，此种情形下，当事人需要等待行权条件达成后再另行起诉或做其他处理。

**投资性财产**　离婚案件所涉及的夫妻一方在婚姻存续期间取得的公司的股权、合伙企业的份额以及设立的个人独资企业等，我们将此类财产称为离婚时夫妻一方持有的投资性财产。

投资性财产是一种社员权，既包含着人身属性，又包含着财产属性，其中人身属性关乎企业的经营决策，涉及其他成员的利益，而夫妻只有一方持有投资性财产，另一方并不是公司、企业的成员，这就使得离婚时分割一方持有的投资性财产将会对企业的利益造成影响。下面将根据夫妻一方持有合伙企业份额、有限责任公司股权和股份有限公司股票三种情况进行阐述。

合伙企业不具有资合性，仅有人合性，对外而言它是完全封闭的。由于合伙企业的特殊性质，夫妻在分割合伙企业份额时，还需遵守《中华人民共和国合伙企业法》的相关规定。对于该财产，双方可以协商，采取折价补偿和转让份额等形式进行分割，而纠纷常常出现在转让合伙企业份额的分割方式上，因为这涉及其他合伙人的正当利益。《〈婚姻法〉司法解释（二）》第十七条规定："人民法院审理离婚案件，涉及分割夫妻共同财产中以一方名义在合伙企业中的出资，另一方不是该企业合伙人的，当夫妻双方协商一致，将其合伙企业中的财产份额全部或者部分转让给对方时，按以下情形分别处理：（一）其他合伙人一致同意的，该配偶依法取得合伙人地位；（二）其他合伙人不同意转让，在同等条件下行使优先受让权的，可以对转让所得的财产进行分割；（三）其他合伙人不同意转让，也不行使优先受让权，但同意该合伙人退伙或者退还部分财产份额的，可以对退还的财产进行分割；（四）其他合伙人既不同意转让，也不行使优先受让权，又不同意该合伙人退伙或者退还部分财产份额的，视为全体合伙人同意转让，该配偶依法取得合伙人地位。"

有限责任公司不同于合伙企业和股份有限公司，其兼备了资合性和人合性，但不能发行股票在证券市场自由流通，所以具有一定的封闭性，分割时较为复杂。在实践中，有限责任公司的股权代持情况较多，这类行为并不违反法律规定，但无疑是加大了财产分割的难度。股权代持是指实际出资人与他人约定，以该人名义代实际出资人持有、行使股权的一种方式。如果夫妻一方是实际出资人的，那么涉及的公司股权应视为共同财产的一部分，但是由于代持行为，该类财产权益具有一定的隐秘性，在实践中往往需要另一方举证证明股权的实际所有人。如果夫妻一方是代持人的，那么涉及的代持协议可以视为合同债权，是共同财产的一部分。由于有限责任公司股权分割的复杂性，在分割时，除了遵守《民法典》的规定外，还必须遵守《中华人民共和国公司法》[①]的有关规定。在《〈婚姻法〉司法解释（二）》第十六条和《公司法》第七十二条中，就具体规定了一般情形下夫妻离婚如何分割股权。

股份有限公司和上述两种企业组织不同，它不具有人合性，转让的限制更少，是将全部资本分成等额股份对外公开募集资金，出资的股东以其所持有的股份为限对公司承担有限责任。虽然股份有限公司的股权转让更为自由，但是在进行分割时，仍应注意一些法律限制，比如《公司法》第一百三十八条具体规定了股份转让的交易场所，第一百四十一条限制了股份有限公司某些成员转让股份的时间。因此，针对具体个案，夫妻在分割股份有限公司股票时，应当注意交易场所、转让时间、转让方式等问题。这类案子一般是以作价补偿、变价分割等方式进行离婚分割，当然，夫妻之间也可以自由约定。

---

① 简称《公司法》。

总而言之，投资性财产分割由于涉及多个部门法，在实践中要格外注意细节问题的处理。虽然夫妻是在分割共同财产，但是由于该类财产的特殊性，一定要同时兼顾第三方的合法利益。

**网络商店经营权**　目前，在我国法律体系中，对于包括网络商店在内的网络虚拟财产作为夫妻共同财产的认定标准以及具体分割无明确的立法规定。因此，在具体分割网络商店时，需要用一定的民法理论进行逻辑推理，而非直接参照具体的法律条文。网络商店根据网站运营商和网络商店所有者的关系，可以分为独立网店和非独立网店，二者的主要区别在于网络商店所有者是否独立拥有该网站的域名。由于现实情况中淘宝店铺（即非独立网店）的分割纠纷最为常见，所以下文将以淘宝店铺为载体进行讨论。

首先，是共同财产的认定。司法实践中，除了夫妻在婚姻关系存续期间注册淘宝店铺这种情形之外，还存在一方婚前注册并经营淘宝店铺、婚后双方继续共同经营或是一方婚前注册但未实际经营、婚后双方共同经营等情形。若简单地以淘宝店铺注册时间作为判断依据，则可能忽视另一方共同经营或支持注册方经营的投入，导致该方绝对失去了取得继续经营淘宝店铺的权利，该做法亦不符合《民法典》中提倡的平等原则。在目前法律尚无统一规定的情况下，在判定淘宝店铺是否属于夫妻共同财产时，可以着重审查"主要经营行为发生时间"，即需要综合考虑婚前婚后的各自经营时间长短、店铺商品及交易数量、评级上升程度和关注程度等因素。

其次，是网络商店的分割。如果仅参照《中华人民共和国合同法》的相关规定，那么网络商店经营权具有极强的人身专属性，紧紧和网店注册者捆绑在一起，无法进行转让。但是淘宝店铺经营者和阿里巴巴之间签订的淘宝店铺使用权协议中，约定了相应的转让条款，在实践过程中缓和了解决争议的理论矛盾。另外，依据《民法典》提倡的有利于当事人的生产和生活的原则，即不因淘宝店铺实际经营人员发生变更让原本处于良好盈利状态的淘宝店铺发生经济亏损，使多年积累的店铺信誉得以延续，并降低消费者的交易风险，保护消费者对店铺的信赖和期待，通过充分考虑夫妻双方对于淘宝店铺经营的投入和产出，尽量避免将店铺交由未实际经营或者是经营效果不佳的一方继续经营。因此，在离婚财产纠纷中，通常是经过当事人协商或者法院组织竞价，而非第三方评估机构进行估值的方式确定淘宝店铺本身价值，而后再按比例进行分割。

**知识产权**　知识产权是指人们就其智力劳动成果所依法享有的专有权利，是一种无形财产权，通常包含著作权、商标权和专利权。根据《民法典》第一千零六十二条和《〈婚姻法〉司法解释（二）》第十二条的规定，"知识产权的收益"是指夫妻在婚姻关系存续期间实际取得或者已经明确取得、可以取得的财产性收益，也就是说婚后因夫妻一方知识产权所取得的经济效益归为夫妻共同所有。但这仅明确了知识产权的既得性利益，对于其期待性利益的归属未作具体规定。

著作权和专利权具有较强的人身专属性，它也可能是夫妻双方共同付出脑力劳动的产物，所以在实际操作中可以考虑保有其共有属性。若当事人一方坚持分割，可以采用评估和补偿制度相结合的办法，由得到知识产权的一方一次性经济补偿相应数额给另一方。当然，若对方不同意一次性补偿的，也可以根据双方对于知识产权的贡献大小，分割其财产性权益，在而后的知识产权期限内按比例分享经济利益。

在具体实践中，存在三种可能的情形：婚前完成智力成果，婚后才取得相关经济利益；婚后完成智力成果，离婚前取得相关经济利益；婚后完成智力成果，离婚后取得相关经济利益。第一种情况，应视具体情况而定。如著作权，夫妻一方婚前已完成作品并发表，仅是在婚后获得稿酬，那么应视为婚前财产，因为婚前的发表行为已经确定了知识产权既得利益的取得时间。相反，若婚前完成智力成果，但由于种种原因，婚后才取得知识产权、获得相关经济利益，而这期间另一方也给予了创作方照顾和支持，甚至也投入了脑力劳动，此种情形应视为夫妻共同财产。第二种情况争议较小，根据法律相关规定，应视为夫妻共同财产。第三种情况，由于知识产权的人身和财产双重属性，创作方可以影响经济利益取得的具体时间，所以实践操作中相当复杂。一般采取两种方式解决：双方协商，由得到方对另一方进行折价补偿；暂不分割，知识产权中的财产权仍归双方共有，保留一方诉权，待今后取得经济利益后再行分割。

商标权，因其独有的特性，在进行离婚财产分割时较复杂。首先，在现实情况中，往往不是夫妻双方注册商标，而是以夫妻共同入股的公司或是共同经营的个体工商户的名义注册商标。如果是公司，就算公司股东仅为夫妻二人，商标权仍归于公司独立法人所有，夫妻之间不能直接进行分割，只能先分割公司股权，然后在股权作价补偿中加入商标权价值的考量因素。如果是个体工商户，双方都不愿意放弃该商标权，那么便涉及该商标权是否能夫妻共同使用的问题。如果不立即进行分割，可能产生共有人对共有物无权处分的法律问题。根据《中华人民共和国商标法》的相关规定，商标权使用许可存在独占使用许可和普通使用许可两种不同情况，若是夫妻双方离婚时矛盾尖锐，那么将来双方和平地共同使用该商标权也难以实现。为避免产生法律上的冲突，在实践中，仍是建议对注册商标等无形资产进行专业评估，再由得到方对另一方进行较大比例的补偿。

◆ **选择题**

1. 甲和乙同居生活了六年，期间互相照顾、彼此扶持，若双方没有另外约定，以下属于双方共同财产的是　　　　　　　　　　　　　　　　　　　（　　）

　　A. 甲的工资和津贴　　　　　　　　　　B. 乙的比赛奖金

　　C. 甲的军队复员费　　　　　　　　　　D. 以上都不是

2. 甲和乙结婚七年有余，彼此恩爱，若双方没有另外约定，以下属于双方共同财产的是　　　　　　　　　　　　　　　　　　　　　　　　　　　　（　　）

　　A. 甲婚前承包了果林，在婚后第一年丰收的果实

　　B. 乙婚前撰写了小说并出版，在婚后第二年收到的 10 万元稿费

　　C. 甲婚前花费 5 万元购买股票，婚后第四年公司分红的 1 万元

　　D. 婚后第五年，甲乙共同成立了一家有限责任公司，该公司注册的商标

3. 关于夫妻共同财产，以下说法错误的是 （ ）

    A. 夫妻共同财产涉及股权份额的，应当遵守《公司法》相关规定

    B. 夫妻共同财产必须在离婚时便分割完毕

    C. 夫妻共同财产原则上均等分割，但是具体个案仍应根据各种因素综合考虑

    D. 分割夫妻共同财产时，应当不损害第三人利益

4. 夫妻一方存在吸毒、婚外情、家庭暴力等破坏婚姻关系的行为，另一方主张_____，法院应当支持 （ ）

    A. 对方净身出户

    B. 对方少分财产

    C. 不离婚，但要对方赔偿精神损失

    D. 按照自己的意思签离婚协议

5. 虽然_____是在婚姻存续期间取得，但是仍视为夫妻一方的个人财产 （ ）

    A. 行权期处于婚姻存续期间的股权激励协议

    B. 女方以婚前个人财产一人出了购房全款，并以女方一人名字登记的房屋

    C. 女方父母出了购房全款，但是以夫妻双方名字登记的房屋

    D. 男方一人出钱买的公司股份，股东名册仅登记男方名字

## ◈ 案例

1. 小黄是知名作家，小蓝是某上市公司高管，两人经朋友介绍相识，一见钟情，并很快登记结婚。小黄情感丰富，文笔细腻，成婚前作品便广受市场好评，尤其是当中一部长篇都市爱情小说，被某国际导演相中，双方洽谈已久，商定了改编、拍摄计划。在小黄婚后半年之际，其作品改编而成的影视剧大获成功，她也因此收到200万元的相关报酬。小蓝作为丈夫，性格上偏向理性，是公司技术性高级管理人才。在小蓝刚结婚时，公司为鼓励小蓝多做贡献，与他签订了为期5年的股权激励协议，约定小蓝完成数个项目并为公司服务5年，公司将在协议到期时奖励其3%的股份，市值约600万元。小黄和小蓝在一起1年，期间总是吵架，彼此认为双方性格有诸多不合，根本无法共同生活，遂到民政局办理离婚手续。

问：该如何处理小黄的版权报酬和小蓝的股权激励协议涉及的财产权益？

2. 小红是一家鲜花淘宝店铺的店主，小绿是悠闲在家的"拆二代"。小绿多次在小红经营的店铺中订花，随着时间推移，两人逐渐熟络起来，走进了婚姻的殿堂。在登记结婚后，小红有感而发，以店铺的名义注册了"爱情花"商标。火红的颜色、迷人的玫瑰点饰，"爱情花"充满希望，淘宝店的生意也因商标越做越好。小绿婚后也不愿再无所事事，但是又担心自己经验不足，便拿出自家拆迁款50万元，委托好友、某公司高管小蓝，让他代自己投资彩虹有限责任公司。尽管小红总看见小绿和小蓝会面，但是并不知道他们在做什么。在进行彩虹公司股东登记时，虽然写的是小蓝的名字，但日后的股东会都是小绿出面。小红和小绿结婚3年有余，却因生不

生孩子的问题总是吵架。小绿感觉无法和小红达成一致，认定她不爱自己，便萌生了离婚的念头。关于财产，小绿想要鲜花店一半的经营权；至于股权，由于彩虹公司经营态势良好，股价水涨船高，他认为这笔投资完全是自己出力，不想分给小红，便又和小蓝商议，让其出面代为处理相关股权财产。

问：有哪些意见或者建议可以帮助小红公平地分得财产？

参考答案

# 二十七、涉及拆迁补偿的财产分割

## ◈ 知识点提炼

拆迁安置 拆迁补偿 涉及拆迁补偿的财产分割 国家及浙江省具体补偿相关的法律法规

## ◈ 知识点详解

**拆迁安置** 是拆迁人根据城市建设规划要求和政府批准的用地文件，依法拆除建设用地范围内的房屋和附属物，将该范围内的单位和居民重新安置，并对其所受损失予以补偿的法律行为。

**拆迁补偿** 拆迁集体土地住宅房屋的补偿方式分为货币补偿、产权调换和农民自建三种；拆迁国有土地住宅房屋的补偿方式分为货币补偿、产权房屋调换和面积标准房屋调换三种。拆迁集体土地或国有土地住宅房屋，拆迁人还应当给予被拆迁人搬迁补助费、过渡期内的临时安置补助费。

拆迁非住宅房屋，如拆迁已领取营业执照用于生产经营的房屋，由拆迁人给予货币补偿，该补偿包括房屋补偿、停产停业补偿、设备安装调试等其他补偿。

**涉及拆迁补偿的财产分割** 如被拆迁房屋属于家庭共有财产而非夫妻共有财产，一般在离婚案件诉讼中是无法一并分割处理的，必须等离婚案件处理完毕之后再另行起诉要求分家析产。但在调解过程中，可以在离婚协议之外，另外再签署分家析产协议，就拆迁安置的房产和款项进行约定。如此时安置房屋或者款项没有完全落实安置的，则该协议没有强制执行力，但可以作为分割财产的重要依据。

**国家及浙江省具体补偿相关的法律法规** （1）《国有土地上房屋征收与补偿条例》；（2）《浙江省国有土地上房屋征收与补偿条例》；（3）《杭州市征收集体所有土地房屋补偿条例》；（4）《杭州市人民政府关于调整杭州市区国有土地上房屋征收临时安置费和搬迁费标准的通知》；等等。

## ◈ 选择题

1. 拆迁房是男方的婚前财产，但是在女方加入户口后签署拆迁协议，下列关于离婚时分割的说法正确的是 （    ）

    A. 应均分

    B. 按居住人口因素补偿女方部分

    C. 补偿都是男方的

    D. 按情形，向拆迁房原产权人适当多分

2. 签署拆迁协议后，女方才进入此户口，下列说法正确的是 　　（　　）
    A. 若此后拆迁安置房登记在一方名下，为夫妻一方财产
    B. 若此后拆迁安置房登记在双方名下，为夫妻共同财产
    C. 离婚时女方不可以分割
    D. 离婚时女方可分得拆迁时按每人发放的补偿款

3. 离婚时对未分配的安置面积可以进行分割吗 　　（　　）
    A. 可以
    B. 待安置面积确定后即可分割
    C. 不可以
    D. 待获得产权后另行提起诉讼

3. 集体土地上的拆迁安置房可分割时，分割价格如何认定 　　（　　）
    A. 按分割时的市场价进行分配
    B. 按享受优惠政策后的房价进行分割
    C. 在市场价的基础上，扣除营业税和综合地价后再进行分割
    D. 双方协商，协商不成交由评估机构定价

4. 承租房屋拆迁，离婚后双方还有继续承租权吗 　　（　　）
    A. 都有
    B. 都没有
    C. 仅签订承租合同的一方有
    D. 双方离婚时不能就此问题向法院起诉

6. 双方已婚，但未生育孩子，根据拆迁政策多出的房屋归属于 　　（　　）
    A. 若已怀孕，归属于孩子
    B. 由夫妻双方平分
    C. 归属于满足政策条件的一方
    D. 若离婚，多出的房屋部分应归还政府

◆ **案例**

1. 2005 年 11 月 16 日，郑某与王某乙登记结婚。后王某乙、王某甲、王某丙所在的转塘街道大诸桥社区 × 号进行了拆迁。拆迁协议书载明，王某乙户符合安置政策的安置人口为 4＋1 人。其中，每人 40 平方米的安置面积，按建安价每平方米 670 元进行产权调换；每人 10 平方米面积，按成本价购买。产权调换和成本价购买价从拆迁方应付拆迁户补偿费中扣除。房屋拆迁各项补偿费用合计 699800 元，扣除安置房预付款，合计 467000 元。协议确定的安置人员名单为王某乙、王某甲、王某丙、郑某。郑某与王某于 2013 年 10 月 24 日诉讼离婚。经查，安置地点为转塘家园，安置房屋共三套，房号分别为 25 幢某室（58.85 平方米）、33 幢某室（134.72 平方米）、34 幢某室（89.98 平方米），合计 283.55 平方米。房地产评估公司确定该房地产在估价时点的毛坯房单价为 10500 元／平方米，装修价值为 50800 元。案涉 58.85 平方米的房屋目前由王某甲占用使用。郑某起诉要求确认其享有安置房（283.55 平方米）

五分之一的份额，并依法分割面积为 58.85 平方米的房屋归其所有，超出面积由其折价补偿。其他共有人同意该房屋归其所有，但是折价款达不成共识。[参考案例：（2015）浙杭民终字第 713 号]

问：郑某该支付给其他共有人多少折价款？

2. 李莲榕与王小明曾系夫妻关系。1995 年 6 月 26 日，李莲榕与王小明向杭州市凯旋街道办事处申请离婚，双方在婚姻登记处存档的离婚协议书载明"住房及其他归男方使用"。1995 年 6 月 27 日，李莲榕与王小明离婚，搬离房屋。后该房屋被拆迁。经查，1995 年 5 月 26 日，杭州电子管厂出具李莲榕的工龄证明单，载明工龄为拾柒年。同日，杭州电子管厂在王小明填写的浙江省省直单位（杭州市区）购买公有住房申请表上盖章。1995 年 6 月 26 日，浙江省公安厅政治部出具王小明的工龄证明单，载明工龄为贰拾年。同日，浙江省公安厅交通设备厂在王小明填写的浙江省省直单位（杭州市区）购买公有住房申请表上盖章。1995 年 7 月 31 日，浙江省公安厅出具公有住房出售价格申报表，载明购房人为王小明，购房人配偶姓名为李莲榕，建筑面积为 65.21 平方米，夫妻双方工龄之和为 37 年，工龄折抵 22.2%的购房款等。1995 年 12 月 11 日，浙江省机关事务管理局（甲方）与王小明（乙方）签订公有住房买卖协议书 1 份，乙方以现金一次性付清全部房款。1995 年 12 月 29日，经折扣，王小明支付购房款 20425.86 元。1996 年 6 月 20 日，杭州市房地产管理局填发所有权证，所有权人为王小明，该所有权证附记中还载明：住房审批日期为1995 年 9 月 23 日等信息。现李莲榕起诉要求平分案涉房屋。[参考案例：（2013）杭江民初字第 959 号]

问：案涉房屋的产权归属于谁？

参考答案

# 二十八、夫妻一方在外借款或担保的债务承担

◆ **知识点提炼**

夫妻共同债务及个人债务　夫妻一方对外担保的债务承担

◆ **知识点详解**

**夫妻共同债务及个人债务** "夫妻双方共同签名或者夫妻一方事后追认等共同意思表示所负的债务，以及夫妻一方在婚姻关系存续期间以个人名义为家庭日常生活需要所负的债务，属于夫妻共同债务。夫妻一方在婚姻关系存续期间以个人名义超出家庭日常生活需要所负的债务，不属于夫妻共同债务；但是，债权人能够证明该债务用于夫妻共同生活、共同生产经营或者基于夫妻双方共同意思表示的除外。"（《民法典》第一千零六十四条）

根据上述规定，夫妻双方共同签字确认的债务系夫妻共同债务，夫妻一方在外借款的债务要属于夫妻共同债务需满足以下条件之一：夫妻一方事后追认；所借款项用于家庭日常生活，夫妻共同生活、共同生产经营所需；基于夫妻双方共同意思表示。

夫妻一方在外借款的债务属于夫妻共同债务的，一般包括以下情形：

（1）婚前一方借款购置的财产已转化为夫妻共同财产，为购置这些财产所负的债务；（2）夫妻为家庭共同生活所负的债务；（3）夫妻共同从事生产、经营活动所负的债务，或者一方从事生产经营活动，经营收入用于家庭生活或配偶分享所负的债务；（4）夫妻一方或者双方治病以及为负有法定义务的人治病所负的债务；（5）因抚养子女所负的债务；（6）因赡养负有赡养义务的老人所负的债务；（7）为支付夫妻一方或双方的教育、培训费用所负的债务；（8）为支付正当必要的社会交往费用所负的债务；（9）夫妻协议约定为共同债务的债务；（10）其他应当认定为夫妻共同债务的债务。

夫妻一方在外借款属于个人债务的情形：

（1）债权人与债务人明确约定为个人债务。该种情形下，债务的主体明确，基本无争议。

（2）夫妻之间实行夫妻财产约定制，一方对外所负的债务属于个人债务。但需要指出的是，此处该债务的性质虽然是个人债务，但因为夫妻财产约定制仅约束夫妻二人，对第三人并无约束力，因此对外偿还时仍需以夫或妻所有的财产清偿，清偿完后一方可向个人债务的主体一方追偿。

（3）特殊情形。夫妻一方与第三人串通，虚构债务，或夫妻一方在从事赌博、吸毒等违法犯罪活动中所负债务，第三人主张为夫妻共同债务的，法院不予支持。该债务在第三人和夫妻在外借款一方之间是否构成个人债务，需要根据法律查明的

事实进行判断,是成立个人债务抑或是非法债务。

**夫妻一方对外担保的债务承担** 针对福建省高级人民法院再审案件的请示,《最高人民法院民一庭关于夫妻一方对外担保之债能否认定为夫妻共同债务的复函》明确,夫妻一方对外担保之债不应当适用《〈婚姻法〉司法解释(二)》第二十四条的规定,即夫妻一方在外担保的债务不同于夫妻共同债务。

就夫妻一方以个人名义设立的担保之债而言,担保属于债务负担,在夫妻双方既无合意,另一方又未能分享债务带来的财产利益的情况下,夫妻一方在外担保的债务不应认定为夫妻共同债务。

## ◆ 选择题

1. 王某以个人名义向张某独资设立的飞跃百货有限公司借款10万元,借期1年。不久,王某与李某登记结婚,将上述借款全部用于婚房的装修。婚后半年,王某与李某协议离婚,未对债务的偿还作出约定。下列选项正确的是 ( )

　　A.由张某向王某请求偿还10万元

　　B.由张某向王某和李某请求偿还10万元

　　C.由飞跃公司向王某请求偿还10万元

　　D.由飞跃公司向王某和李某请求偿还10万元

2. 黄某与唐某自愿达成离婚协议,约定财产平均分配,婚姻关系存续期间的债务全部由唐某偿还。经查,黄某以个人名义在婚姻存续期间向刘某借款10万元用于购买婚房。下列选项正确的是 ( )

　　A.刘某只能要求唐某偿还10万元

　　B.刘某只能要求黄某偿还10万元

　　C.如黄某偿还了10万元,则有权向唐某追偿10万元

　　D.如唐某偿还了10万元,则有权向黄某追偿5万元

3. 王某有赌博的恶习。王某起诉要求和张某离婚,在离婚诉讼过程中,王某的表亲李某持王某个人出具的借款金额为30万元的借条一张起诉王某和张某,要求两人共同归还借款。下列选项正确的是 ( )

　　A.借条由王某个人签字,系王某个人债务

　　B.借款发生于婚姻关系存续期间,系夫妻共同债务

　　C.除借条外,李某无其他证据,张某可主张王某和李某串通,虚构债务

　　D.王某有赌博恶习,借款属于王某个人债务

## ◆ 案例

1. 刘某和许某于2000年6月登记结婚,结婚时双方书面约定:每人将每月收入中的1000元、共2000元作为双方的共同财产,由许某支配,用于日常家庭生活开支;婚前个人财产和婚后的其他个人所得归属个人,个人所负债务由个人负责。双方在这份书面协议上签字并进行了公证。2003年4月,刘某向甲借款10万元炒股,约

定2年归还，按银行贷款计息，但未对甲说明夫妻约定财产关系的内容。后刘某炒股亏损，到期不能偿还甲。甲向许某索要，遭到拒绝。甲将刘某和许某起诉到法院，要求他们共同承担偿还责任。

问：法院应当如何处理该案？

2. 甲（男）和乙（女）在1998年经人介绍恋爱结婚。结婚时甲的父母购房一套给二人居住，乙的娘家给了乙一套家用电器作为嫁妆。两人婚后第二年生一男孩。2003年开始，甲与丙通奸，被乙发现斥责后，甲索性在外租房和丙同居，很少回家。甲的工资本就不高，为维持和丙在一起的开支，向人借外债近2万元。乙独自抚养儿子，生活困难，也借了外债5000元。2005年3月，乙向法院起诉，要求与甲离婚，并要求抚养孩子。

问：两人所借外债应如何处理？

3. 2012年11月28日，因生意资金周转困难，黄某某向谭某某借款12000元。谭某某通过现金给付，黄某某向其出具借条，约定借款于2013年7月28日前还清，逾期还款按中国人民银行同期贷款利率的4倍支付利息。李某作为担保人在借条上签名捺印，承诺对黄某某的借款负担保责任，直至该款还清为止。2008年3月27日，叶某某与李某登记结婚，后于2014年2月24日协议离婚。借款到期后，黄某某未能归还借款，担保人李某亦未按照承诺承担责任。谭某某起诉到法院请求判令：（1）被告黄某某立即向原告归还借款12000元及利息；（2）被告李某和被告叶某某对上述第一项请求承担连带清偿责任。

问：谭某某的第二项诉讼请求能否成立？为什么？

参考答案

# 二十九、离婚后的其他纠纷

◈ **知识点提炼**

探视权　抚养权变更　抚养费增加

◈ **知识点详解**

**探视权**　又称见面交往权，是指离婚后不直接抚养子女的父亲或母亲一方享有的与未成年子女联系、会面、交往、短期共同生活的权利。"离婚后，不直接抚养子女的父或者母，有探望子女的权利，另一方有协助的义务。行使探望权利的方式、时间由当事人协议；协议不成的，由人民法院判决。父或者母探望子女，不利于子女身心健康的，由人民法院依法中止探望；中止的事由消失后，应当恢复探望。"（《民法典》第一千零八十六条）

**抚养权变更**　离婚后，父母双方可以协议变更子女抚养关系。《最高人民法院关于人民法院审理离婚案件处理子女抚养问题的若干具体意见》第十六条规定，当出现以下情况时，可以起诉要求变更抚养权：（1）与子女共同生活的一方因患严重疾病或因伤残无力继续抚养子女的；（2）与子女共同生活的一方不尽抚养义务或有虐待子女行为，或其与子女共同生活对子女身心健康确有不利影响的；（3）十周岁以上未成年子女，愿随另一方生活，该方又有抚养能力的；（4）有其他正当理由需要变更的。

**抚养费增加**　《最高人民法院关于人民法院审理离婚案件处理子女抚养问题的若干具体意见》第十八条规定，出现下列情况，父亲或母亲有给付能力的，应当增加抚养费：（1）原定抚养费数额不足以维持当地实际生活水平的；（2）因子女患病、上学，实际需要已超过原定数额的；（3）有其他正当理由应当增加的。

◈ **选择题**

1. 离婚后也不消除的是　　　　　　　　　　　　　　　　　　（　　）

　A. 对双方老人的赡养责任

　B. 亲子关系

　C. 双方相互扶助的义务

　D. 双方相互继承财产的权利

2. 离婚后子女抚养费　　　　　　　　　　　　　　　　　　　（　　）

　A. 只可增加不可减少　　　　　　B. 可增加也可减少

　C. 不可免除　　　　　　　　　　D. 保持不变

3. 对婚生子女而言，父母离婚后 （　　）

    A. 父母不能协议，双方同为抚养人

    B. 只能由法院判决父母一方为抚养人

    C. 只能由法院判决父母双方为亲权人

    D. 父母可以协议一方为抚养人

4. 离婚后对当事人引起的直接后果是 （　　）

    A. 夫妻身份的解除　　　　　　　　B. 财产的分割

    C. 债务的清偿　　　　　　　　　　D. 子女的抚养

5. 离婚后子女抚养费的给付期限 （　　）

    A. 一般至子女 18 周岁为止

    B. 一律至子女 18 周岁为止

    C. 一般至子女结婚成家时为止

    D. 一律至子女结婚成家时为止

## ◆ 案例

1. 10 年前，孩子 8 岁那年，吴女士与前夫因为感情问题协议离婚了。双方当时在离婚协议中约定，孩子由吴女士抚养，前夫每月支付 500 元抚养费，直至孩子独立生活为止。不久前，孩子考上了重点大学，生活费和学费大幅上涨，吴女士感到力不从心，向前夫要求提高抚养费至每月 2500 元。前夫以自己组建了新的家庭，生活压力大为由拒绝。吴女士无奈，起诉至法院要求增加孩子的抚养费。

问：吴女士可否要求增加孩子的抚养费？

2. 小李是未成年人，父亲老李和母亲湛某因感情破裂起诉至法院要求离婚，法院判决双方离婚，女方湛某一次性给付男方老李抚养费 2 万元。但湛某逾期分文未付，老李作为小李的监护人到法院申请强制执行。案件执行过程中，老李不幸因病去世，留下年仅 6 岁的小李和 77 岁的老母亲相依为命。小李和奶奶共同生活了 6 年，祖孙感情深厚，但奶奶缺少收入来源，负担日重，又舍不得将孙子交给其母亲湛某抚养，抚养小李成了最大的难题。执行人员与湛某取得联系后多次协商，动用社会各方力量参与做工作，力求合法、合情地解决问题。通过扶贫干部及村干部的劝说和执行人员耐心细致的思想工作，最终，案件圆满化解。

问：事情最终的解决方案可能是什么？

参考答案

# 第二章　《中华人民共和国民法典》继承编

## 一、遗产的相关概念

◆ **知识点提炼**

遗产　被继承人　继承人　继承权　遗产继承

◆ **知识点详解**

**遗产**　"遗产是自然人死亡时遗留的个人合法财产。依照法律规定或者根据其性质不得继承的遗产，不得继承。"（《民法典》第一千一百二十二条）

遗产是被继承人（死者）生前享有所有权的合法财产。对于夫妻来说，一方死亡，一般夫妻共有财产中的一半部分属于遗产。遗产形式具有多样性，包括不动产、动产、债权权利等，但具有人身专属性的不属于遗产，比如荣誉等。遗产必须是合法的，非法的财产不可以是遗产，比如盗赃物等。

**被继承人**　指生前享有财产、因死亡而转移给他人的死者。

**继承人**　指依照法律规定或者被继承人的合法遗嘱承接被继承人遗产的人。

**继承权**　指继承人依照法律的规定或者被继承人所立的合法遗嘱享有的继承被继承人遗产的权利。

**遗产继承**　指被继承人死亡后，其遗产由具有合法继承权的继承人继承的法律程序。可以分为遗嘱继承、遗赠、遗赠抚养协议、法定继承等四种。

◆ **选择题**

1. 下列哪些属于遗产的范围（多选题）　　　　　　　　　　　　（　　　）

    A. 被继承人用工龄折算优惠购买的房改房

    B. 被继承人购买的经济适用房

    C. 被继承人在经过审批的农村集体土地上建造的房屋

    D. 被继承人生前获得的三等功荣誉

    E. 被继承人生前出借给别人的借款

    F. 被继承人未经审批搭建的违章房子

G. 张三打牌输给被继承人的 2 万元赌债

H. 被继承人生前收藏的古董字画

I. 被继承人捡到的手机

J. 被继承人养的狗生下的小狗

## ◈ 案例

1. 小李父亲老李因病去世了，留下许多财产，经统计有：（1）老李夫妻名下的房产；（2）老李名下的公司股权；（3）未还清按揭贷款的小轿车；（4）投资理财产品；（5）劳动模范的荣誉；（6）别人欠他未偿还的借款；（7）收藏的字画；（8）获得的一等奖奖杯；（9）手机里的话费余额；（10）支付宝里的资金。

问：哪些财产是可以继承的遗产？

参考答案

# 二、遗嘱的形式（种类）

### ◈ 知识点提炼

遗嘱　公证遗嘱　自书遗嘱　代书遗嘱　打印遗嘱　录音录像遗嘱　口头遗嘱

### ◈ 知识点详解

**遗嘱**　是指遗嘱人生前在法律允许的范围内，按照法律规定的方式对其遗产或其他事务所做的个人处分，并于遗嘱人死亡时发生效力的法律行为。

**公证遗嘱**　指依公证方式而设立的遗嘱，是证据力较强的一种遗嘱形式，为多数国家立法所采用。

"公证遗嘱由遗嘱人经公证机构办理。"（《民法典》第一千一百三十九条）办理公证遗嘱须由遗嘱人亲自到公证机关口述或书写遗嘱，公证人员要对遗嘱的真实性、合法性进行认真审查，在确认其有效性后，出具《遗嘱公证书》。经公证的遗嘱由公证员和遗嘱人签名并加盖公证机关公章，制成一式两份，分别由公证机关和遗嘱人保存。

**自书遗嘱**　指遗嘱人生前在法律允许的范围内，按照法律规定的方式对其遗产或其他事务所作的个人处分，并于遗嘱人死亡时发生效力的法律行为。

"自书遗嘱由遗嘱人亲笔书写，签名，注明年、月、日。"（《民法典》第一千一百三十四条）

**代书遗嘱**　又称代笔遗嘱，指因遗嘱人不能书写而口述内容、委托他人代为书写的遗嘱。

"代书遗嘱应当有两个以上见证人在场见证，由其中一人代书，并由遗嘱人、代书人和其他见证人签名，注明年、月、日。"（《民法典》第一千一百三十五条）

**打印遗嘱**　"打印遗嘱应当有两个以上见证人在场见证。遗嘱人和见证人应当在遗嘱每一页签名，注明年、月、日。"（《民法典》第一千一百三十六条）

**录音录像遗嘱**　"以录音录像形式立的遗嘱，应当有两个以上见证人在场见证。遗嘱人和见证人应当在录音录像中记录其姓名或者肖像，以及年、月、日。"（《民法典》第一千一百三十七条）

**口头遗嘱**　又称口授遗嘱，指遗嘱人在特殊情况下以口头形式设立的遗嘱。由于口头遗嘱具有易于被篡改和伪造，以及在遗嘱人死后无法查证的缺点，各国对口头遗嘱的条件皆予以严格规定。

"遗嘱人在危急情况下，可以立口头遗嘱。口头遗嘱应当有两个以上见证人在场见证。危急情况消除后，遗嘱人能够以书面或者录音录像形式立遗嘱的，所立的口头遗嘱无效。"（《民法典》第一千一百三十八条）

### ◆ 选择题

1. 甲育有二子乙和丙。甲生前立下遗嘱，其个人所有的房屋死后由乙继承。乙与丁结婚，并有一女戊；丙未婚。甲死后遗有房屋和现金。下列说法正确的是(　　)

    A. 乙只能继承甲的房屋

    B. 丙继承甲的全部现金

    C. 乙和丙均为甲的第一顺序继承人

    D. 丙无权继承房屋

2. 王某于 2008 年立遗嘱，表示将遗产老宅给妹妹甲，并经公证。2018 年，王某手写遗嘱，将老宅给儿子乙。2019 年，王某在医院抢救时立口头遗嘱，将老宅给女儿丙，有医生李某和护士赵某作证。后王某抢救无效死亡。下列说法正确的是　　　　　　　　　　　　　　　　　　　　　　　　　　(　　)

    A. 老宅由甲继承

    B. 老宅由乙继承

    C. 老宅由丙继承

    D. 老宅按法定继承

### ◆ 案例

1. 洪老太早年丧夫，自己身患肺痨，育有三个儿子。洪老太丈夫死时，大儿子洪大 18 岁，二儿子洪二 12 岁，小儿子洪三才 5 岁，于是洪大担起了家中的全部责任。洪大外出从事长途运输，拼命赚钱还债养家，成家后又和妻子共同经营大家，并在村里审批的地基上建起四层楼房，直到两个弟弟成年才分家析产：四楼归洪二，三楼归洪三，二楼归洪大自己，洪老太住一楼。之后，洪老太因生活不能自理，基本与洪大一家住一起。2002 年，村里拆迁，洪老太口头表示，她的这一份归洪大，并将拆迁协议交给了洪大，当时洪二洪三没有异议。不久洪老太去世。5 年后拆迁房安置到户，洪老太的房子由洪大居住。洪大因之前操劳过度，身体欠佳，生活困难，出租其中一间房子以弥补生活开支。有一天，洪大收到法院传票，原告是洪二，要求继承洪老太的房子。

    问：(1) 洪老太的遗嘱是否有效？

    (2) 如果你是法官，你将如何处理本案？

参考答案

# 三、办理遗嘱公证的程序

◆ **知识点提炼**

申请与受理　审查与调查　出具公证书

◆ **知识点详解**

**申请与受理**　依据《遗嘱公证细则》第五条、第七条的规定，遗嘱人申办遗嘱公证应当亲自到公证处提出申请，填写公证申请表，并提交以下证明、材料：(1)遗嘱人的身份证明(如居民身份证、户口本、护照、港澳通行证等)；(2)遗嘱涉及的不动产、交通工具或者其他有产权凭证的财产的产权证明(如房产证、存款单、有价证券等)；(3)公证人员认为应当提交的其他材料。

**审查与调查**　依据《公证程序规则》第二十四条①，《遗嘱公证细则》第十一条②、

---

① 《公证程序规则》第二十四条 公证机构受理公证申请后，应当根据不同公证事项的办证规则，分别审查下列事项：

(一)当事人的人数、身份、申请办理该项公证的资格及相应的权利；

(二)当事人的意思表示是否真实；

(三)申请公证的文书的内容是否完备，含义是否清晰，签名、印鉴是否齐全；

(四)提供的证明材料是否真实、合法、充分；

(五)申请公证的事项是否真实、合法。

② 《遗嘱公证细则》第十一条 公证处应当按照《公证程序规则(试行)》第二十三条(注：现为《公证程序规则》第二十四条)的规定进行审查，并着重审查遗嘱人的身份及意思表示是否真实、有无受胁迫或者受欺骗等情况。

第十二条 ①的规定，公证处应当审查、调查以下事项：（1）当事人的身份和权利能力、行为能力；（2）遗嘱处分的财产是否属于个人所有，是否处分了共有财产或争议未决财产；（3）遗嘱人的意思表示是否真实，有无受胁迫、欺骗等行为；（4）遗嘱人法定继承人的范围，所立遗嘱是否剥夺了缺乏劳动能力又没有生活来源的继承人必要的遗产份额；（5）遗嘱内容是否违反法律规定和社会公共利益，文字表述是否准确，签名、盖章、捺手印和制作日期是否齐全。

**出具公证书** 根据《遗嘱公证细则》第十七条的规定，对于符合以下条件的，公证处应当出具公证书：（1）遗嘱人身份属实，具有完全民事行为能力；（2）遗嘱人意思表示真实；（3）遗嘱人证明或者保证所处分的财产是其个人财产；（4）遗嘱内容不违反法律规定和社会公共利益，内容完备，文字表述准确，签名、制作日期齐全；（5）办证程序符合规定。

## ◆ 选择题

1. 甲有一儿乙、一女丙，名下有一处房产，向银行抵押贷款200万元，随后住进某养老机构，另将房子出租。后甲到公证处公证遗嘱一份："名下房产（市场价约280万元）归儿子乙所有，存款260万元归女儿丙所有。"该公证人员应审查以下哪些事项（　　　）

A. 甲的认知能力
B. 房产的他项权证
C. 遗嘱是否是本人手写
D. 甲的精神状态

---

① 《遗嘱公证细则》第十二条 公证人员询问遗嘱人，除见证人、翻译人员外，其他人员一般不得在场。公证人员应当按照《公证程序规则（试行）》第二十四条（注：现为《公证程序规则》第二十九条）的规定制作谈话笔录。谈话笔录应当着重记录下列内容：

（一）遗嘱人的身体状况、精神状况；遗嘱人系老年人、间歇性精神病人、危重伤病人的，还应当记录其对事物的识别、反应能力；

（二）遗嘱人家庭成员情况，包括其配偶、子女、父母及与其共同生活人员的基本情况；

（三）遗嘱所处分财产的情况，是否属于遗嘱人个人所有，以前是否曾以遗嘱或者遗赠扶养协议等方式进行过处分，有无已设立担保、已被查封、扣押等限制所有权的情况；

（四）遗嘱人所提供的遗嘱或者遗嘱草稿的形成时间、地点和过程，是自书还是代书，是否本人的真实意愿，有无修改、补充，对遗产的处分是否附有条件；代书人的情况，遗嘱或者遗嘱草稿上的签名、盖章或者手印是否本人所为；

（五）遗嘱人未提供遗嘱或者遗嘱草稿的，应当详细记录其处分遗产的意思表示；

（六）是否指定遗嘱执行人及遗嘱执行人的基本情况；

（七）公证人员认为应当询问的其他内容。

谈话笔录应当当场向遗嘱人宣读或者由遗嘱人阅读，遗嘱人无异议后，遗嘱人、公证人员、见证人应当在笔录上签名。

2. 王某年事已高，为了避免自己死后子女起纷争，特意带着儿子甲、儿媳乙、女儿丙、女婿丁，以及社区工作人员（见证人）戊和戌到公证处公证遗嘱一份。公证员看王某年纪较大，公证的财产金额大且种类多，于是要单独询问有关事项。以下哪些人员可以在场一起接受询问 （　　）

　　A. 儿子甲和女儿丙

　　B. 儿媳乙和女婿丁

　　C. 社区工作人员戊和戌

　　D. 以上均不可以

◆ **案例**

1. 袁某（育有一子一女，子女均已成家）在失去老伴后，生活无聊，经常参加一些讲座，认识了钱某。有一次，钱某给他介绍投资理财产品，说收益颇丰，袁某心动了，但是该理财产品的投资起点是50万元，他手上没那么多钱。钱某告知袁某他有办法，他的朋友开小额贷款公司，袁某可以把名下的房子抵押给他的朋友贷款50万元，然后去投资，因为贷款利率低于该理财产品收益率，从中可以赚取差价，等袁某赚了钱再还贷款。袁某信了，于是在钱某的帮助下办理了房子抵押，所得的贷款投入了某理财产品。儿子赵某知道后，觉得母亲被骗了，立刻让母亲去找钱某，要求解除抵押手续。钱某称，要还贷款60万元（其中10万元是对方的损失及违约金）才给办理。当时赵某从自己的存款中取出60万元替母亲还了贷款，解除了抵押手续。袁某多次提起，将来她要走了，这房子归赵某所有，但未立遗嘱。2年后，赵某因意外去世，袁某伤心过度，身体每况愈下，期间均是其儿媳、赵某的妻子陈某在照顾。3年后，袁某的女儿回来，建议将袁某送敬老院，陈某表示同意。在敬老院的几年中，袁某有时糊涂有时清醒。2018年，袁某去世，袁某女儿拿出一份公证遗嘱，遗嘱内容是袁某名下的房产归其女儿所有。赵某的女儿对该份公证有疑义。

问：（1）该遗嘱是否有效？

　　（2）公证人员是否应审查遗嘱人的身体情况及家庭成员情况？

参考答案

# 四、遗嘱见证人

◆ **知识点提炼**

遗嘱见证人　遗嘱见证人的作用　消极条件　律师遗嘱见证的流程

◆ **知识点详解**

**遗嘱见证人**　是指遗嘱人设立遗嘱时亲临现场，耳闻目睹，并且能够证明遗嘱事实的人。

**遗嘱见证人的作用**　公民立遗嘱时，除了自书遗嘱、公证遗嘱外，代书、录音录像、口头遗嘱都需要邀请两名以上的公民到场作为遗嘱见证人进行见证。遗嘱见证人是否能够客观、全面地如实作证，将直接影响遗嘱的效力。

**消极条件**　公民在立遗嘱时需要邀请一定的人员在场进行见证，但是根据《民法典》第一千一百四十条以及《最高人民法院关于贯彻执行〈中华人民共和国继承法〉[①]若干问题的意见》第三十六条的规定，下列人员不能作为见证人在场见证：

（1）无民事行为能力人、限制民事行为能力人。前者不能辨认自己行为，不能以自己名义参加民事活动并享有民事权利和承担义务；后者则是民事行为能力受到限制。这二者均不是完全民事行为能力人，不能参与订立遗嘱这类较复杂的民事活动。如果他们在场，其见证不具有法律效力。

（2）继承人、受遗赠人。这二者与遗嘱有直接的利害关系，一般来说，他们在场不利于遗嘱人毫无顾忌、不受外界影响地按照自己的意愿处分财产。因此，法律规定继承人、受遗赠人不能作为遗嘱见证人。

（3）与继承人、受遗赠人有利害关系的人。这二者由于利益关系的影响，难以保证其证明的客观性、真实性，所以也不能做遗嘱见证人。法律规定，继承人、受遗赠人的债权人、债务人，共同经营的合伙人，也应当视为与继承人、受遗赠人有利害关系，不能作为遗嘱见证人。

**律师遗嘱见证的流程**

（1）做询问笔录。

（2）审查委托人提供的材料：委托人的身份证；委托人的户口簿；委托人的结婚证；委托人合法财产的相关证明；根据案件的具体情况见证律师要求提供的其他材料。

（3）请立遗嘱人出具神志清醒，能够立遗嘱的医学证明或出具承诺书。

（4）与委托人签订协议和授权委托书。

（5）约定见证时间、地点。

---

① 简称《继承法》。

（6）见立遗嘱人并为其做笔录。

（7）立遗嘱人立遗嘱或指定代书人代书遗嘱并签字按手指印，见证律师签字。

（8）制作见证书，两名当场见证的律师签字，之后律师事务所盖章。

（9）对前款（第七步）过程进行全程录像并刻成 DVD 光盘留存。

（10）见证书交当事人和 / 或遗嘱执行人并签收《送达回证》。

（11）律师遗嘱见证事务所审查见证书及见证材料，归档保存。

### ◆ 选择题

1.甲多年前丧妻，先生育有一个女儿乙，又收养儿子丙。后丙娶媳妇丁，和甲一起生活，乙出嫁。丙和丁为人忠厚，而乙一向比较看重财产。有一次甲生病住院，乙来探望，言语间多次流露出让甲分配财产的意思。甲康复出院后，准备立一份遗嘱，请了四个见证人。按农村习俗，这四个见证人一个是妻子的弟弟、乙的亲舅舅戊，另一个是隔壁邻居戌，虽得过小儿麻痹智力受损但生活能自理，与甲关系一直很好，还有两个是村干部老王、老赵。这四个人中哪些可以作为见证人 （　　　）

A.戊 　　　　　　　　　　　 B.戌

C.老王 　　　　　　　　　　 D.老赵

### ◆ 案例

1.王某育有一女二子，大儿子赵大因意外去世，留下妻子金某与赵小。王某始终认为其子赵大的死与金某、赵小有关，耿耿于怀，平时不往来，生活起居均由女儿赵二和小儿子赵三照顾。为防意外，王某约了社区工作人员潘某和其原单位的书记李某，诉说了自己的顾虑，亲笔手写遗嘱一份，写明死后遗产（位于某区某街道某号房产）归女儿赵二和小儿子赵三继承，同时潘某和李某在其下签了"见证人：潘某、李某"。若干年后，王某去世，赵二和赵三要求按遗嘱继承，与金某、赵小发生纠纷，起诉至法院。审理中赵小以潘某、李某未出庭作证为由，抗辩遗嘱无效。

问:（1）本案中的遗嘱是自书遗嘱还是见证遗嘱？

（2）如潘某、李某拒绝出庭作证，该遗嘱是否有效？

参考答案

# 五、遗嘱的内容

◆ **知识点提炼**

遗嘱的内容

◆ **知识点详解**

**遗嘱的内容** 遗嘱的内容包括：（1）遗嘱人的姓名、性别、出生日期、住址；（2）遗嘱处分的财产状况（名称、数量、所在地以及是否共有、抵押等）；（3）对财产和其他事务的具体处理意见；（4）有遗嘱执行人的，应当写明执行人的姓名、性别、年龄、住址等；（5）遗嘱制作的日期以及遗嘱人的签名。

◆ **选择题**

1. 甲早年丧妻，育有一子乙，乙大学毕业后在外工作。甲因生活孤单，又娶了同村丙为妻。某日，甲听到马来西亚航班失踪事件，心想意外和明天不知哪个先来，自己得立一份遗嘱，于是拿出平常记账的本子，写下一句"我死后，财产归妻所有"。如果你是甲的律师，你认为这份遗嘱缺以下哪几项内容　　　　　　（　　）

　　A.甲的身份信息　　　　　　　　　　　B.财产的具体情况

　　C.立遗嘱的时间　　　　　　　　　　　D.甲的签名

◆ **案例**

1. 吕某与妻子长期不和，为了孩子一直勉强维持婚姻。2015年，儿子吕小某从美国某名牌大学毕业并在美国找到工作，定居美国，吕某即与妻子协议离婚，协议约定位于杭州某区的房子归吕某所有。2017年初，吕某查出肝癌晚期，2018年离开人世。吕某死后，其父亲吕爷爷拿出吕某生前手写的一张纸条，内容为"明天，我将去医院做穿刺检查，如有意外，我名下的所有财产归我父母所有。吕某2017年×月×日"，吕爷爷和吕奶奶以此要求继承吕某名下的房产。此时身在国外的吕小某回国，拿出吕某临死前所用的手机，手机备忘录中记载"我死后财产安排如下：名下房产归儿子所有，存款×万元归父亲所有，保险×归儿子所有"，备忘录显示时间为死前一天，时间比吕爷爷手中的纸条晚了近一年。爷孙俩对簿公堂，孙子拒绝调解，认为备忘录时间在后，应当以后立遗嘱为准，且爷爷的纸条内容过于笼统，应认定为无效；爷爷则认为应以手写的为准，手机备忘录内容无法确定是吕某本人输入。

　　问：（1）第一份遗嘱欠缺哪些内容？

　　　　（2）第二份遗嘱欠缺哪些内容？

　　　　（3）这两份遗嘱的效力如何认定？

参考答案

# 六、不同遗嘱的效力等级

◈ **知识点提炼**

不同时间所立遗嘱的效力　不同种类遗嘱的效力

◈ **知识点详解**

**不同时间所立遗嘱的效力**　前后数份遗嘱，以后立的为准。

**不同种类遗嘱的效力**　原本根据《继承法》第二十条的规定，遗嘱人可以撤销、变更自己所立的遗嘱；立有数份遗嘱、内容相抵触的，以最后的遗嘱为准；自书、代书、录音、口头遗嘱，不得撤销、变更公证遗嘱。但在全国人大表决通过的《民法典》中，该条文被删除，不同种类的遗嘱在效力上没有实质性差异，只根据遗嘱设立的时间先后来认定遗嘱的效力。根据《民法典》第一千一百四十二条的规定，立有数份遗嘱，内容相抵触的，以最后的遗嘱为准。

◈ **选择题**

1.甲有乙、丙、丁三个女儿。甲于2013年2月1日亲笔书写一份遗嘱，写明其全部遗产由乙继承，并签名和注明年、月、日。同年4月2日，甲又请律师代书一份遗嘱，写明其全部遗产由丙继承。同年6月，甲因病被丁送至医院急救，甲立口头遗嘱一份，内容是其全部遗产由丁继承，在场的赵医生和李护士见证。后甲因抢救无效死亡。最终，甲的遗产应由谁继承　　　　　　　　（　　）

　A.乙

　B.丙

　C.丁

　D.按法定继承

◈ **案例**

1.钱某高中毕业后离家创业，挣得资产千万元，后娶妻赵某，育有一女一子分别取名钱丽、钱刚，一家人生活幸福美满。天有不测风云，钱某五十岁那年因劳累过度突发脑溢血住院，出院后留下后遗症，左手、左脚行动不方便。他担心自己将不久于人世，便到公证处立遗嘱一份，写明自己死后名下企业股权归妻子赵某所有。之后钱某将企业交由其徒弟王某和妻子共同管理，自己在家休养。但是此后，他发现妻子对自己的态度日渐冷淡，夫妻关系有名无实，于是偷偷写了一份遗嘱，说明情况，声明之前的遗嘱无效，以此遗嘱为准，写明大部分财产归钱丽、钱刚所有，并将遗嘱藏在女儿最喜欢的书（精装版《飘》）中。若干年后，钱某去世，赵某与王某公开生活一起。钱丽对此极为不满，心情郁闷，拿起《飘》翻看以散心，发现了夹在书中的遗嘱，立即找到钱刚，姐弟俩跑到律师事务所咨询。

问：这两份遗嘱哪份效力优先？

参考答案

# 七、无效的遗嘱

## ◈ 知识点提炼

形式不合法无效　内容不合法无效　实质要件不符合

## ◈ 知识点详解

**形式不合法无效**　指遗嘱不具备法定的遗嘱种类应当具备的形式要求而无效，如自书遗嘱非本人书写，代书、打印、录音录像、口头遗嘱无两个以上见证人，等等。

**内容不合法无效**　（1）遗嘱应当对缺乏劳动能力又没有生活来源的继承人保留必要的遗产份额，否则其遗嘱部分无效，即应当扣除该部分遗产，剩下的部分有效。（2）遗嘱人以遗嘱处分了属于国家、集体或他人所有的财产，遗嘱的这部分应认定为无效。

**实质要件不符合**　（1）遗嘱人有遗嘱能力。立遗嘱人在立遗嘱时必须具备完全行为能力，否则无效。（2）遗嘱人的意思表示无瑕疵。受欺诈、胁迫所立的遗嘱无效。

## ◈ 选择题

1.甲母生甲，甲与乙结婚，婚后生子大甲、小甲。甲订立遗嘱，指定自己个人所有的房屋由大甲继承，现金及汽车由小甲继承。现甲死亡，下列说法正确的是

（　　）

A. 如果甲订立遗嘱时患精神病，则甲母与乙均能继承甲的财产

B. 如果甲是在受胁迫的情况下订立的遗嘱，则甲母和乙均能继承甲的财产

C. 如果甲母年事已高，无劳动能力也无生活来源，则甲母和乙均能继承甲的财产

D. 如果汽车是甲向朋友丙借的，则甲母和乙均能继承甲的财产

## ◈ 案例

1.赵某及其妻子为同一单位员工，被安排居住在单位的房子里，后其妻去世。若干年后，国家实行房改房政策，赵某想要买下该房，但没钱。赵某有四个孩子，三个儿子一个女儿，三个儿子均表示自己生活困难无力支付，于是女儿赵小小花了2万元钱，加上父母两个人的工龄折抵买下了该房子，并将产权登记在赵某名下。赵某立遗嘱一份，声明自己死后该房子由女儿赵小小继承。

参考答案

问：赵某的遗嘱是否有效？是部分有效还是全部有效？

# 八、遗嘱人处分财产

◆ **知识点提炼**

实际行为与遗嘱意思表示不一致以实际行为为准

◆ **知识点详解**

**实际行为与遗嘱意思表示不一致以实际行为为准** "立遗嘱后，遗嘱人实施与遗嘱内容相反的民事法律行为的，视为对遗嘱相关内容的撤回。"(《民法典》第一千一百四十二条第二款)

根据《最高人民法院关于贯彻执行〈中华人民共和国继承法〉若干问题的意见》第三十九条的规定，遗嘱人生前的行为与遗嘱的意思表示相反，而使遗嘱处分的财产在继承开始前灭失、部分灭失或所有权转移、部分转移的，遗嘱视为被撤销或部分被撤销。简而言之，在立遗嘱之后，遗嘱人改变意愿，作出不同的行为处分了财产，那么以实际行为为准。

◆ **选择题**

1. 甲立下公证遗嘱一份，将其名下一套房产给儿子乙，将持有的某公司 40% 股份给女儿丙。后甲生病住院，丙一次也未曾探望，甲全靠儿子乙和保姆照顾。甲对丙很失望，出院后将公司股份转让给其他股东，将转让股份所得的现金一部分给了保姆，一部分给了儿子乙。若干年后，甲去世，丙要求按遗嘱继承某公司股份。下列选项正确的是　　　　　　　　　　　　　　　　　　　　　　　　( 　 )

A. 丙有权依据遗嘱内容继承遗产

B. 丙只能依据法定继承的规定继承遗产

C. 丙无权继承股份

D. 丙可以继承转让股份所得的现金

◆ **案例**

1. 孙某育有二子一女：大儿子甲体弱多病，从未娶妻生子；二儿子乙娶妻并生子丁，夫妻打工租房度日，经济拮据；女儿丙系学校老师，丈夫为公务员，在杭州有三套房子。1996 年孙某去世，未留遗嘱，留下房子一套。甲认为长兄如父，这房子应登记在他的名下，而且明确表示自己无妻无子，将来这房子肯定是给侄子丁的。丙认为自己条件好不需要这套房子，口头表示放弃继承。于是三人一致同意房子产权登记在甲的名下，由甲与乙一家人共用，乙一直照顾甲的生活起居。2012 年，乙看房子旧了，花钱重新装修，期间甲住在丙家里，由丙照顾其生活。房子装修好后，乙接甲回来，丙说这房子她有三分之一的份。乙表示不同意，称这房子将来是他儿子丁的，否则他也不会花钱装修了。甲不表态，后再次随丙生活，丙表示要好好照顾他，并带他出去旅游。2017年，乙发现房产证已更换姓名，所有权人为丙的丈夫。

问：（1）甲的处分行为是否属于变更遗嘱？

（2）该行为是否有效？

参考答案

# 九、法定继承

◈ **知识点提炼**

法定继承的概念　法定继承人的范围和顺序　排序的意义　排列顺序的推定

◈ **知识点详解**

**法定继承的概念**　是指在被继承人没有对其遗产的处理立有遗嘱的情况下，由法律直接规定继承人的范围、继承顺序、遗产分配的原则的一种继承形式。法定继承又称为无遗嘱继承，是相对于遗嘱继承而言的。被继承人的财产，凡不是通过有效的遗嘱继承方式继承，就当然用法定继承。法定继承不仅仅是遗嘱继承的补充，更是兜底性的适用。法定继承适用的范围是最普遍的，也体现公平原则。

**法定继承人的范围和顺序**　配偶、子女、父母为第一顺序继承人，兄弟姐妹、祖父母、外祖父母为第二顺序继承人。被继承人的子女先于被继承人死亡的，由被继承人的子女的直系晚辈血亲代位继承。被继承人的兄弟姐妹先于被继承人死亡的，由被继承人的兄弟姐妹的子女代位继承。另外，对公婆尽了主要赡养义务的丧偶儿媳，对岳父母尽了主要赡养义务的丧偶女婿，为第一顺序继承人。

这里所指的子女，包括婚生子女、非婚生子女、养子女和有扶养关系的继子女；所指的父母，包括生父母、养父母和有扶养关系的继父母；所指的兄弟姐妹，包括同父母的兄弟姐妹、同父异母或者同母异父的兄弟姐妹、养兄弟姐妹、有扶养关系的继兄弟姐妹。

**排序的意义**　继承开始后，由第一顺序继承人继承，第二顺序继承人不继承。没有第一顺序继承人继承的，由第二顺序继承人继承。

**排列顺序的推定**　"相互有继承关系的几个人在同一事件中死亡，如不能确定死亡先后时间的，推定没有继承人的人先死亡。死亡人各自都有继承人的，如几个死亡人辈分不同，推定长辈先死亡；几个死亡人辈分相同，推定同时死亡，彼此不发生继承，由他们各自的继承人分别继承。"（《最高人民法院关于贯彻执行〈中华人民共和国继承法〉若干问题的意见》第二条）

◈ **选择题**

1. 甲（男）与乙（女）结婚，在其子小明20周岁时离婚。后甲与丙（女）再婚，丙子小亮8周岁，随甲、丙共同生活。小亮成年成家后，甲与丙甚感孤寂，收养孤儿小光为养子，视同己出，未办理收养手续。丙去世，其遗产的第一顺序继承人有哪些

（　　）

A. 小明　　　　　　B. 小亮　　　　　　C. 甲　　　　　　D. 小光

2.张三生前立有由其子继承其房产的遗嘱，但对其小汽车未做安排。下列说法正确的是 （　　）

  A.小汽车应该参照遗嘱继承原则，由其子继承

  B.小汽车应该按照法定继承方式继承

  C.小汽车是遗嘱继承还是法定继承取决于继承人的意愿

  D.张三的法定继承人不能放弃对小汽车的继承

3.下列哪些说法是正确的 （　　）

  A.遗嘱继承人放弃继承的，就属于法定继承

  B.遗嘱继承人先于被继承人死亡的，由其子女继承该遗嘱的内容

  C.遗嘱中未处理的财产，只能按照法定继承方式继承

  D.遗嘱继承人丧失继承权的，按照法定继承方式继承

◆ **案例**

1.王老五去世了，其生前曾表示自己去世后所有财产由妻子继承，而且立有遗嘱，但遗嘱中只写明房产和车子由妻子继承，对另外几百万元银行存款没有说明。其法定继承人有父母、妻子、儿子、女儿。

问：王老五的银行存款该如何继承？

2.徐某与周某结婚，婚后育有二子徐甲、徐乙，徐甲成年后结婚育有一女徐丙。2008年，徐某与周某带着徐某的母亲王某、周某的父亲厉某及孙女徐丙到四川旅游，不幸遭遇地震，五人均遇难，救护人员将五人挖出时均无生命特征。徐某和周某名下有两套房子，一辆汽车，存款60万元；王某名下无房产，有存款20万元；周某名下有幅字画；徐丙无财产，但徐甲给她买了一份年金分红保险，分红受益人为徐丙，死亡受益人为徐甲。

问：如何推定五人的死亡顺序和继承顺序？

参考答案

# 十、继承人放弃继承

◆ **知识点提炼**

放弃继承的表示时间　放弃继承的表现形式　放弃继承的结果

◆ **知识点详解**

**放弃继承的表示时间**　"继承开始后，继承人放弃继承的，应当在遗产处理前，以书面形式作出放弃继承的表示；没有表示的，视为接受继承。受遗赠人应当在知道受遗赠后六十日内，作出接受或者放弃受遗赠的表示；到期没有表示的，视为放弃受遗赠。"（《民法典》第一千一百二十四条）

也就是说，对于继承人而言，默认为当然继承，除非其作出放弃继承的表示，且放弃继承的表示应当在继承开始后、遗产处理前；在遗产分割之后表示放弃的不是继承权，而是所有权。而对于受遗赠人来说，除非其在六十日内作出明确表示接受，否则视为其放弃遗赠。

**放弃继承的表现形式**　根据《最高人民法院关于贯彻执行〈中华人民共和国继承法〉若干问题的意见》第四十七条的规定，继承人放弃继承的，应当以书面形式向其他继承人表示；用口头方式表示放弃继承的，本人承认，或有其他充分证据证明的，也应当认定其有效。

**放弃继承的结果**　继承人放弃继承后，本应由其继承的遗产由其他法定继承人依法继承。

◆ **选择题**

1.甲有三女，分别为乙、丙、丁，其中乙已结婚，并生子戊。后甲去世，未立遗嘱，留下房子一套、现金 50 万元。乙未经丈夫同意，擅自表示放弃继承。以下选项正确的是　　　　　　　　　　　　　　　　　　　　　　（　　）

　　A.房子和现金由丙、丁继承

　　B.房子和现金由丙、丁、戊继承

　　C.乙的放弃行为无效，因为婚后继承的财产属于夫妻共同财产，其行为侵害了其丈夫的利益

　　D.以上全部错误

◆ **案例**

1.陈老太育有一女三儿：大儿子甲知青下乡去了西北，后在西北成家，育有一女，中年因病先于陈老太离开人世；女儿乙出嫁；两个儿子丙和丁留在身边。陈老太

所住的房子拆迁，得房两套，其死后未留下遗嘱，两套房子分别由丙和丁各住一套。丁离婚时，协议约定房子归妻子戊所有，丁独自在外租房，该房由戊一直居住。若干年后，甲的女儿戊来杭工作，欲与戊同住，戊拒绝。于是戊起诉至法院，要求继承该房产。乙、丁均书面表示放弃继承，并做了公证。

问：（1）丁的放弃表示是否有效？

（2）乙放弃部分如何分配？

参考答案

# 十一、继承权的丧失

◆ **知识点提炼**

丧失继承权 丧失继承权的法定事由 丧失继承权的法律结果 宽宥制度

◆ **知识点详解**

**丧失继承权** 又称剥夺继承权，是指由于出现法律规定的原因，依法定的程序取消或剥夺继承人的继承权。

**丧失继承权的法定事由** 根据《民法典》第一千一百二十五条的规定，继承人有下列行为之一的，丧失继承权：

（1）故意杀害被继承人。（主观上是故意，不问既遂还是未遂）

（2）为争夺遗产而杀害其他继承人。（主观上是故意，目的是争夺遗产，不问既遂还是未遂）

（3）遗弃被继承人，或者虐待被继承人情节严重。（情节严重从行为的时间、手段、后果和社会影响考虑，不问是否构成刑事犯罪）

（4）伪造、篡改、隐匿或者销毁遗嘱，情节严重。（主要表现为侵害了缺乏劳动能力又没有生活来源的继承人的利益，并造成其生活困难）

（5）以欺诈、胁迫手段迫使或者妨碍被继承人设立、变更或者撤回遗嘱，情节严重。（主要表现为侵害了立遗嘱人自主设立遗嘱的权利，使其的遗嘱无法体现本人的真实意思的表示）

**丧失继承权的法律后果** 丧失继承权的人，不得参与对被继承人遗产的继承。

**宽宥制度** 继承人有上述第（3）项至第（5）项的行为，确有悔改表现，被继承人表示宽恕或者事后在遗嘱中将其列为继承人的，该继承人不丧失继承权。

◆ **选择题**

1. 甲死亡，乙是甲的继承人。下列说法正确的几项是　　　　　　　　（　　）

A. 如果乙有杀害甲的行为，且甲生前没有订立遗嘱，乙不得继承甲的遗产

B. 如果乙有为争夺甲的遗产而杀害其他继承人的行为，则即使甲生前订立遗嘱将所有财产交给乙继承，乙也不得继承

C. 如果乙有遗弃甲的行为，且甲生前没有订立遗嘱，乙不得继承甲的遗产

D. 如果乙有篡改甲的遗嘱，扩大遗嘱中乙可以继承的份额，情节严重的，乙丧失遗嘱中本应可以继承部分的继承权

### ◆ 案例

1. 有过离异经历的张女士与刘某相识，双方重组家庭。婚后，一家人小日子过得不错。然而好景不长，刘某体检查出肝癌晚期，必须入院治疗。就在刘某最需要关怀的时刻，张女士却抛下患病的丈夫，以"回老家"为由带着女儿离开。躺在病榻上的刘某拨打妻子的电话，发现已成空号，而对于妻子声称回家的说法，岳父岳母却说并不知情。一时间，张女士音讯全无。刘某膝下无子，在患病期间全由两个兄妹照料。后来，刘某撒手人寰，而就在丧礼办完的两个月后，张女士又出现了，她回来的目的就是要继承刘某遗产。这彻底激怒了刘某的兄妹，在这场遗产争夺战中，刘某的兄妹俩与张女士争吵过，也动过手，因为在他们看来，这样抛弃丈夫的女人没有资格分遗产。事后，张女士向人民法院起诉，要求继承刘某留下的遗产。

问：张女士是否能继承刘某的遗产？

参考答案

# 十二、遗赠、遗嘱和法定继承的区别

◆ **知识点提炼**

遗赠的概念　遗赠、遗嘱和法定继承三者的区别

◆ **知识点详解**

**遗赠的概念**　遗赠是指被继承人通过遗嘱的方式，将其遗产的一部分或全部赠与国家、集体或法定继承人以外的人。

**遗赠、遗嘱和法定继承三者区别**

1.遗嘱与遗赠的区别

（1）遗赠和遗嘱最大的区别在于接受遗产的对象不同。遗嘱中的继承人是法定继承人，而遗赠中的受赠人必须是法定继承人以外的人。

（2）对于继承人和受赠人的法律保护时效性不同。遗嘱是继承开始后、遗产处理前，继承人以书面形式作出放弃继承的表示，视为放弃继承；没有表示的，视为接受继承。而受遗赠人应当在知道受遗赠后的六十日内，明示接受表示，到期没有表示的视为放弃受遗赠。

（3）表示方式不同。遗嘱是遗产分配前没有表示的视为接受继承，即放弃是明示，接受为默示。而遗赠是没有表示的视为放弃遗赠，即放弃是默示，接受是明示。

2.遗嘱继承和法定继承的区别

（1）依据不同。法定继承是按照法律规定的继承人范围、继承顺序和遗产分配原则进行的，而遗嘱继承是按照被继承人生前的意思来继承的。

（2）继承份额不同。法定继承人的继承份额是由所有法定继承人的情况和赡养、抚养情况决定的，而遗嘱继承人的继承份额是财产所有人在遗嘱中确定的。

（3）继承人的范围不同。遗嘱继承人必须是法定继承人范围内的人，而法定继承人不一定都是遗嘱继承人。因为在遗嘱继承中，根据被继承人的意愿，遗嘱继承人既可以是法定继承人中的一人，也可以是若干人，这取决于遗嘱的内容。

（4）效力不同。遗嘱继承优先于法定继承，即只要被继承人所立的遗嘱是合法有效的，则必须按照遗嘱继承，而不能按照法定继承。

◆ **选择题**

1.甲订立遗嘱，将自己的房产留给其子乙，并将一副字画留给好友丙。甲死后2个月，乙向丙告知了甲遗嘱的内容，后乙、丙相继去世。下列说法正确的是（　　）

A.乙应在甲死后、遗产分割前明示作出接受继承的表示，否则视为放弃继承

B.丙应在甲死后、遗产分割前明示作出接受继承的表示，否则视为放弃继承

C. 只有在乙明示接受继承后，其继承人才能取得甲的财产

D. 只有在丙明示接受遗赠后，其继承人才能取得甲的字画

## 案例

1. 金某育有一女小金，小金早年出国留学，之后在国外工作，几年回来一次。金某也去过国外，但不习惯那边的生活，加上语言不通，住不了多久就回来了，一直独自生活。金某晚年基本靠同村的侄女照顾，尤其是病在床上的两年，吃喝拉撒全是侄女和侄女婿在侍候。对此，金某很是感激，立下遗嘱一份，表示其死后，所住的房子、存款若干、祖传手镯归侄女所有。后金某去世，小金回国参加葬礼，侄女出具遗嘱要求小金配合其继承财产。小金表示自己是唯一的法定继承人，对遗嘱不认可，并表示村里的房子她没用可以给，但存款和手镯不能给。

问：小金的说法能得到法律的支持吗？

参考答案

# 十三、遗赠扶养协议

◆ **知识点提炼**

遗赠扶养协议　生效时间　效力等级　遗赠扶养协议与遗赠的共同点与区别

◆ **知识点详解**

**遗赠扶养协议**　是遗赠人和扶养人之间关于扶养人承担遗赠人的生养死葬的义务，遗赠人的财产在其死后转归扶养人所有的协议。遗赠扶养协议是一种平等、有偿和互为权利义务关系的民事法律关系。扶养人必须是法定继承人以外的公民或集体组织。

**生效时间**　遗赠扶养协议从协议约定生效之日起开始发生法律效力。

**效力等级**　遗赠扶养协议的效力高于遗嘱、遗赠和法定继承。

**遗赠扶养协议与遗赠的共同点与区别**

1. 共同点

两者的相对方均是法定继承人以外的人。

2. 区别

（1）是否有偿。遗赠是财产所有人生前以遗嘱的方式将其财产遗赠与国家、集体或个人的行为，不以受遗赠人履行扶养义务为条件，是无偿的、单向的。而遗赠扶养协议是有偿的、互附条件的双向的法律行为。

（2）内容上不同。遗赠扶养协议不仅有遗赠财产的内容，还有关于扶养义务的内容。

（3）生效时间不同。遗赠从遗赠人死亡之日起发生法律效力，遗赠扶养协议则从协议约定生效之日起开始发生法律效力。

（4）效力上不同。遗赠扶养协议的效力高于遗赠。

（5）变更与解除的方式不同。遗赠扶养协议是双方的法律行为，在遗赠人和扶养人双方协商一致的基础上才能成立。对于合法有效的遗赠扶养协议，双方都必须遵守并履行，任何一方未经另一方同意不能随意变更或解除。而对于遗赠，遗赠人可以单方变更或解除，不用经受赠人同意。

（6）变更与解除的后果不同。对于遗赠，遗赠人单方变更或解除后不用支付对价。而对于遗赠扶养协议，变更或解除的原因不同所产生的结果不一样。如果是因受遗赠人不履行扶养义务导致协议变更、解除或失效的，受遗赠人已支付的供养费不得要求补偿；如果是遗赠人无正当理由不履行导致协议解除的，则应偿还扶养人或集体组织已支付的供养费。

（7）失效的原因不同。对于遗赠，受遗赠人应当在知道受遗赠后六十日内作出接受或放弃受遗赠的表示，到期没有表示的，视为放弃。而对于遗赠扶养协议，受遗赠人无正当理由不履行的，经受益人或其他继承人请求，法院可以取消其接受附义务那部分遗产的权利，由提出请求的继承人或受益人负责按遗嘱人的意愿履行义务，接受遗产。故当扶养人不履行遗赠扶养协议的义务时，不能享有受遗赠的权利。

## ◈ 选择题

1.梁某已八十多岁，老伴和子女都已不在人世，年老体弱，生活拮据，欲立一份遗赠扶养协议，死后将三间房屋送给在生活和经济上照顾自己的人。梁某的外孙子女、侄子、侄女及干儿子等都争相要做扶养人。这些人中谁不应该当遗赠扶养协议的扶养人 （　　）

A.外孙子女

B.侄子

C.侄女

D.干儿子

## ◈ 案例

1.李某妻子病故，未再娶，膝下无子女，收养了一女儿李乙。李乙大学毕业后留在城里工作，成家后极少回来。李某与村委会签订遗赠扶养协议，约定其生养死葬由村委会负责，死后遗产归村委会所有。之后，李某和村里的几个孤寡老人一起住进了村里的敬老院，由村里请阿姨为他们洗衣做饭。某年春节，李乙回家探望李某，李某感动之余，自书遗嘱一份，说明死后遗产归养女李乙继承，并将遗嘱交于李乙保管。一年后，李某死亡，李乙回家继承遗产，与村委会发生争执。

问：李某与村委会先立的遗赠扶养协议与其后立的遗嘱哪份效力优先？

参考答案

# 十四、代位继承、转继承及两者的区别

◆ **知识点提炼**

代位继承的概念　代位继承的构成要件　转继承的概念　转继承的构成要件
代位继承与转继承的区别

◆ **知识点详解**

**代位继承的概念**　"被继承人的子女先于被继承人死亡的，由被继承人的子女的直系晚辈血亲代位继承。被继承人的兄弟姐妹先于被继承人死亡的，由被继承人的兄弟姐妹的子女代位继承。"（《民法典》第一千一百二十八条）

**代位继承的构成要件**　（1）代位继承人是被继承人的子女，包括养子女和有扶养关系的继子女。

（2）必须是被代位人先于被继承人死亡或宣告死亡。

（3）只能是直系晚辈血亲，但没有辈数的限制。

（4）被代位人必须没有丧失继承权。

（5）只能继承被代位继承人应得的继承份额。

（6）代位继承只适用于法定继承，不适用于遗嘱继承。遗嘱继承中继承人死亡，遗嘱无效，则按法定继承。

**转继承的概念**　是指在被继承人死亡后、遗产分割前，继承人又死亡的，由该死亡的继承人的继承人继承其应当继承的份额的法律制度。转继承实际上是发生了两次继承。

**转继承的构成要件**　（1）继承人死亡时间必须在被继承人死亡后、遗产分配前。

（2）继承人没有表示放弃继承或受遗赠人表示接受遗赠。

**代位继承与转继承的区别**　（1）适用范围不同。代位继承仅适用于法定继承，而转继承适用于法定继承和遗嘱继承（包括遗赠）。

（2）发生时间不同。代位继承发生的时间是继承人先于被继承人死亡的，而转继承则发生在被继承人死亡后、遗产分割前。

（3）主体不同。代位继承人只能是被继承人的直系晚辈血亲（包括拟制血亲），被继承人的其他法定继承人不能代位继承。而转继承人是被转继承人死亡时的所有继承人（包括被转继承人的遗嘱继承人、法定继承人或受遗赠人）。

◆ **选择题**

1. 田某死后留下五间房屋、一批字画以及数十万元存款的遗产。田某生有三子一女。长子早年病故，育有一子一女，其妻带着两个孩子另嫁他人。而就在另外两个儿子和一个女儿办理完丧事协商如何处理遗产时，小儿子因交通事故身亡，其女儿刚满周岁。田某的上述亲属中哪些人可作为第一顺序继承人继承他的遗产（　　　）

A.二儿子和女儿 　　　　　　　　　　　　B.小儿子

C.小儿子的女儿 　　　　　　　　　　　　D.大儿子的子女

### ◆ 案例

1.唐某与王某结婚，婚后生育一女。在女儿上学后，王某为了能照顾、辅导女儿，辞职当了全职太太，由唐某负责赚钱养家。一家人日子过得平淡安逸，后来女儿也争气，考上了外地一名牌大学。从此，王某一人在家，因生活空虚，加入了驴友团，经常跟一群人一起自驾游。在一次旅游中，王某意外跌落悬崖，抢救无效死亡。王某的母亲无法接受这一事实，身体一日不如一日，一年后也去世。两人均未留下遗嘱。唐某与王某的共有财产是房产两处、存款50万元。王母无财产，王父早年去世，王某有一个哥哥、一个妹妹。

问：根据法律规定，本案应如何分割唐某与王某的财产？

参考答案

# 十五、胎儿的遗产份额

◆ **知识点提炼**

胎儿的预留份

◆ **知识点详解**

**胎儿的预留份** 遗腹子是指怀孕妇女在丈夫死后所生的孩子。《民法典》第一千一百五十五条规定，遗产分割时，应当保留胎儿的继承份额；胎儿娩出时是死体的，保留的份额按照法定继承办理。所以对于遗腹子来说，只有顺利出生之后才会享有继承权，之前只是会为其保留继承份额。因为胎儿出生有可能是活体也有可能是死体，要据此对保留的遗产份额做不同的处理。如胎儿出生后死亡的，由其继承人按法定继承处理；如胎儿出生时就是死体的，由被继承人的继承人按照法定继承处理。法律规定胎儿预留份，是为了保护、照顾未出生孩子的权利。

◆ **选择题**

1.张三去世时妻子怀孕三个月，下列哪些判断是不正确的　　　　　　（　　　）

A.因为怀孕三个月的胎儿太小，不能保留遗产份额

B.胎儿如果顺利出生，就可以继承预留的遗产

C.如果胎儿不幸流产了，保留遗产由张三妻子继承

D.如果胎儿是死体，保留遗产按照法定继承处理

◆ **案例**

1.高先生不幸去世，其妻子怀孕九个月，对高先生遗产按照法定继承进行分割，并且为胎儿预留了一份。后高先生妻子分娩时出现问题，孩子出生后不久抢救无效死亡。

问：对于预留给孩子的部分遗产，应该如何处理？

参考答案

# 十六、对弱者的保护

◆ **知识点提炼**

保护弱者原则

◆ **知识点详解**

**保护弱者原则** 对于弱者，法律规定在分配遗产时应当予以照顾，但继承人需要具备两个前提，一是生活有特殊困难，二是缺乏劳动能力。如果前述条件缺少其一，分配遗产时还是不能得到照顾。照顾多少，除了协商外，法院裁判只能靠自由裁量。

"对生活有特殊困难又缺乏劳动能力的继承人，分配遗产时，应当予以照顾。"（《民法典》第一千一百三十条第二款）

◆ **选择题**

1.张三的父亲去世了，留下一大笔财产，需要在几个法定继承人之间分配。下列说法正确的是 （　　）

    A.如果张三没有收入，可以适当照顾多分一些遗产

    B.如果张三缺乏劳动能力，可以适当照顾多分一些遗产

    C.如果张三有特殊困难，可以适当照顾多分一些遗产

    D.只有张三有特殊困难，并且缺乏劳动能力，才可以适当照顾多分一些遗产

2.下列表述正确的是 （　　）

    A.对于生活困难且缺乏劳动能力的弱者，法律规定适当照顾多分遗产，至于多分多少属于法官裁量权范围

    B.凡是生活困难的，都可以适当照顾多分遗产

    C.凡是缺乏劳动能力的，都可以适当照顾多分遗产

    D.老年人缺乏劳动能力，就一定可以适当照顾多分遗产

◆ **案例**

1.老张生前有一个残疾的儿子，无法劳动，没有收入，生活很困难。老张去世后，留有一笔数目不小的银行存款遗产。老张的法定继承人有 5 个，对于是否给残疾的儿子多分一些遗产，各个法定继承人之间意见不一致。

    问：如果来咨询你，你该如何解答？

参考答案

# 十七、不分或少分遗产的情形

◈ **知识点提炼**

遗产分配的原则

◈ **知识点详解**

**遗产分配的原则** 根据《民法典》第一千一百三十条的规定，同一顺序继承人继承遗产的份额，一般应当均等；对生活有特殊困难又缺乏劳动能力的继承人，分配遗产时应当予以照顾；对被继承人尽了主要扶养义务或者与被继承人共同生活的继承人，分配遗产时可以多分；对有扶养能力和有扶养条件却不尽扶养义务的继承人，分配遗产时应当不分或者少分；继承人协商同意的，也可以不均等。

法律通过对被继承人的遗产不分、少分以及多分的方式，来惩罚和激励继承，目的是为了鼓励尽量善待被继承人。如果继承人不尽到扶养义务，分割遗产时候应当不分或少分；如果多尽扶养义务或一起生活照顾好被继承人，可以多分。但实务中的难点，是对有扶养能力和有扶养条件的继承人不尽扶养义务的行为的举证比较困难。

◈ **选择题**

1. 对于被继承人遗产分配的问题，下列说法正确的是　　　　　　（　　）

   A. 尽了主要扶养义务的，可以多分配遗产

   B. 尽了主要扶养义务的，应当多分配遗产

   C. 不尽扶养义务的，应当不分配遗产

   D. 不尽扶养义务的，应当少分配遗产

◈ **案例**

1. 老王有两个儿子，大儿子做生意亏损，生活十分困难，小儿子生活条件较好。老王与小儿子一起生活，平时的生活均由小儿子照料。现在老王去世了，留有遗产房子一套。

问：该房子继承的时候，大儿子是不是应当不分或少分？小儿子是不是可以多分？

参考答案

# 十八、养子女的继承权

### ◈ 知识点提炼

养子女的平等的继承权

### ◈ 知识点详解

**养子女的平等的继承权**　养子女的继承权与亲子女是一样平等的。如果形成事实收养关系，但不被法律认可的，可以依照对被继承人尽扶养义务而分得遗产。

### ◈ 选择题

1. 张三曾在2001年收养了一个小孩，没有办理收养登记。对于该小孩对张三遗产继承的问题，下列哪项判断是正确的　　　　　　　　　　　　　（　　）

　　A. 这个小孩与张三没有形成收养关系，故没有继承权

　　B. 这个小孩与张三形成收养关系，具有继承权

　　C. 这个小孩只能具有一半的继承权

　　D. 这个小孩的继承权与其他继承人是一样平等的

### ◈ 案例

1. 老李夫妇婚后未生育子女，在1990年收养了一个女儿，未办理收养登记，后来两人又生育了一个女儿。老李夫妇去世后，对谁有权继承老李夫妇遗产的问题，收养女儿与亲生女儿起了争执。

问：如果你是调解员，将如何回答这个问题？

参考答案

# 十九、遗产税

◆ **知识点提炼**

遗产税

◆ **知识点详解**

**遗产税** 法定继承人继承所得的财产，不管是房产还是股权等，目前是不需要缴纳税收的。例外情形是非法定继承人继承房产的，需要缴纳契税和印花税。继承财产对外进行转让的，需要按照有关税收规定缴纳税款。

◆ **选择题**

1. 下列说法正确的是　　　　　　　　　　　　　　　（　　）

    A. 小杨从其父母那继承了一套房产，不需要缴纳个人所得税

    B. 小杨继承的父母的房产，在对外转让的时候不需要缴纳相关税收

    C. 小杨不管是继承父母房产，还是对外转让该房产，均需要缴纳税款

    D. 小杨继承父母房产不需要缴税，但继承父母持有的公司股权需要缴纳税款

参考答案

# 二十、对未成年人利益的保护

◈ **知识点提炼**

保护未成年人的利益

◈ **知识点详解**

**保护未成年人的利益** 对未成年子女的财产进行处分，只能以维护未成年人的利益为前提，否则不得处分未成年人的财产。

"监护人应当按照最有利于被监护人的原则履行监护职责。监护人除为维护被监护人利益外，不得处分被监护人的财产。未成年人的监护人履行监护职责，在作出与被监护人利益有关的决定时，应当根据被监护人的年龄和智力状况，尊重被监护人的真实意愿。"（《民法典》第三十五条第一款、第二款）

◈ **选择题**

1. 下列说法正确的是 （    ）

　　A. 凡是未成年人的财产，均不得处分

　　B. 如果是为了未成年人的利益，可以对其财产进行处分

　　C. 监护人可以任意处分未成年人的财产

　　D. 监护人无权处分未成年人的财产

◈ **案例**

1. 老李的儿子小李今年12岁，由于接受富豪亲戚的赠与，得到一套房产，并登记在小李名下。后小李不幸生了重病，需要大量的医药费。老李把自己的财产都变卖了，还不够完全支付医药费。于是老李以监护人的名义把小李名下的房产进行出售，所得款项用于小李的治疗。

问：老李的做法合法吗？

参考答案

# 二十一、对遗嘱中处分他人财产的处理

◈ **知识点提炼**

对遗嘱中处分他人财产的处理

◈ **知识点详解**

**对遗嘱中处分他人财产的处理**　遗嘱是死后生效的法律行为，处分的是自己具有所有权的财产；如果处分的是自己不具有所有权的财产，则属于无效的遗嘱。实务中会存在对夫妻共同财产以个人名义立遗嘱进行处分的情况，应该认定超过遗嘱人处分权限的部分无效。

◈ **选择题**

1.老王生前立有一份遗嘱，将自己的房产交由儿子小王继承。下列说法正确的是　　　　　　　　　　　　　　　　　　　　　　　　（　　　）

A.如果房产属于老王夫妻共同财产，老王所立的遗嘱全部无效

B.如果房产属于老王个人财产，老王所立的遗嘱有效

C.如果房产属于老王夫妻共同财产，老王所立的遗嘱也是有效的

D.不管房产是否属于老王个人财产，老王所立的遗嘱均有效

◈ **案例**

1.老张为了避免自己去世后子女因为遗产继承问题产生不必要的纠纷，就立了一个遗嘱，写明婚后购买的房子由儿子继承，婚前就已购买的房子由女儿继承。后老张夫妻均去世。

问：对老张遗产的继承是否可以按照遗嘱继承来处理？为什么？

参考答案

# 二十二、股权与合伙企业份额的继承

◆ **知识点提炼**

公司股权的继承　合伙企业份额的继承

◆ **知识点详解**

**公司股权的继承**　《公司法》第七十五条规定，自然人股东死亡后，其合法继承人可以继承股东资格；但是，公司章程另有规定的除外。即对于被继承人死亡，其生前拥有的公司股权是否可以继承的问题，可以通过公司章程的形式在公司设立时进行规定或者经过合法程序予以变更确立。如果公司章程约定不同意被继承人的股份由继承人继承，则继承人只能退股，继承退股后的股价款。

**合伙企业份额的继承**　被继承人死亡，对于其生前经营或者入伙的合伙企业的出资额是否有继承权，由合伙协议或者全体合伙人一致同意决定。合伙协议约定不可继承或者全体合伙人无法达成一致意见的，被继承人的份额只能转让给其他合伙人，由其继承人继承转让所得款项。

◆ **选择题**

1. 李四生前是一家公司的股东，对于其持有的股权是否可以继承的问题，下列哪项表述是正确的　　　　　　　　　　　　　　　　　　　　　　　（　　）

A. 李四的继承人完全可以继承李四的股权

B. 如果公司章程没有约定不能继承，股权可以继承

C. 李四的继承人完全不能继承李四的股权，只能退资

D. 如果公司章程约定能继承，股权可以继承

2. 陈先生生前是一家合伙企业的合伙人，对于其持有的合伙企业份额是否可以继承的问题，下列哪项表述是正确的　　　　　　　　　　　　　　　　（　　）

A. 只要合伙协议约定不能继承，陈先生的继承人就不能继承合伙企业份额

B. 如果合伙协议没有约定不能继承，陈先生的继承人一定可以继承合伙企业份额

C. 是否能够继承合伙企业份额，看陈先生的继承人是否愿意成为合伙人

D. 如果全体合伙人一致同意，则陈先生的继承人可以取得合伙人资格，享有合伙企业份额

3. 对于继承人不愿意继承合伙企业份额的处理方式是　　　　　　（　　）

A. 不能退回投资款

B. 根据当初投入多少退回多少投资款

C. 根据现在的合伙企业实际价值按照份额比例退回投资款

D. 退回一半的投资款

## ◆ 案例

1. 老张生前是一家公司的股东，持有30%的股权；同时投资了一家由5个人合伙成立的合伙企业。现在遇到了继承问题：公司章程对股东死亡的继承问题没有规定；合伙协议对合伙人死亡的合伙企业份额继承问题也没有约定，但4个合伙人中有一人表示不同意老张的继承人继承合伙企业份额。

问：老张的继承人可以继承公司股权和合伙企业份额吗？

参考答案

# 二十三、网络虚拟财产的继承

## ◆ 知识点提炼

网络虚拟财产　网络虚拟财产继承的难点

## ◆ 知识点详解

**网络虚拟财产**　是一种能为人所支配的具有价值的权利，是财产在网络虚拟空间的表现形式，也具有使用价值和交换价值，具有财产性内容。网络虚拟财产在用货币进行等价交换、流通上，与其他的有体物或无体物是没有区别的，依法受到法律保护，是一种可以继承的财产。

**网络虚拟财产继承的难点**　怎么证明网络虚拟财产是被继承人的，网络信息的隐蔽性和保密性造成的继承人对被继承人生前是否拥有网络虚拟财产及财产情况不一定了解等问题，是实务中的难点。

## ◆ 选择题

1. 下列哪些属于可以继承的网络虚拟财产　　　　　　　　　　（　　）
   A. 网络游戏虚拟货币
   B. 网络游戏中的装备虚拟物品
   C. 网络游戏中的宠物虚拟物品
   D. 网络游戏中的游戏金币虚拟物品
2. 下列哪项判断是正确的　　　　　　　　　　　　　　　　（　　）
   A. 游戏中留下的装备因为其虚拟性，是不能作为遗产继承的
   B. 游戏充值卡里的虚拟货币是可以继承的
   C. 游戏充值卡里的虚拟货币是不能继承的
   D. 网络游戏中的虚拟物品不具有财产属性

参考答案

# 二十四、网络店铺的继承

◆ **知识点提炼**

网络店铺　网络店铺的继承途径

◆ **知识点详解**

**网络店铺**　就是网上开的店铺，其作为电子商务的一种形式，是一个能够让人们在浏览的同时进行实际购买，并且通过各种支付手段进行支付，完成交易全过程的网站。淘宝店等网络店铺经过长时间的经营形成了市场品牌价值，成为经营者的一种无形资产，如同驰名商标一样，因此具有财产性内容，是可以继承的。

**网络店铺的继承途径**　实务中，继承人要通过诉讼或者办理继承公证的形式，才可以取得淘宝店等网络店铺的相关权利，如办理过户手续等。

◆ **选择题**

1. 对于淘宝店铺的继承问题，下列哪项表述是正确的　　　　　　　　（　　）

　A. 淘宝店铺是不能作为遗产继承的

　B. 淘宝店铺只能通过继承公证形式办理过户

　C. 淘宝店铺只能通过诉讼途径继承

　D. 淘宝店铺的继承，既可以通过继承公证形式办理，也可以通过法院诉讼方式解决

2. 下列哪项表述是正确的　　　　　　　　　　　　　　　　　　　（　　）

　A. 淘宝店铺不能通过遗嘱形式继承，因为它具有虚拟性

　B. 淘宝店铺可以通过公证遗嘱形式继承

　C. 淘宝店铺只能通过法定继承形式继承

　D. 淘宝店铺因为不具有财产性，所以不属于遗产继承范畴

◆ **案例**

1. 杨先生生前经营一家淘宝网店，网店生意非常红火。杨先生去世后，对于其淘宝网店的继承问题，各个继承人之间出现意见不一致。有的继承人说，因为网店是虚拟的，不像有体物一样存在，是无法继承的；有的继承人说，淘宝网店能够带来生意，应该是可以继承的。

问：你认为哪一种说法是正确的？

参考答案

# 二十五、QQ、微信、电子邮箱、支付宝、微博等账号的继承

## ◆ 知识点提炼

约定使用权　QQ 与微信财产权益的继承　支付宝财产权益的继承
微博账号的继承　网易邮箱的继承　苹果 Apple ID 的继承

## ◆ 知识点详解

**约定使用权**　QQ、微信、电子邮箱、支付宝、微博等账号系第三方平台的产物，申请人只有使用权，没有所有权，而且申请人申请之时一般都通过协议约定了不得买卖、转让、出租等。因此，申请人申请的 QQ、微信、电子邮箱、支付宝、微博等账号是受到一定程度的限制的，而且其中很多信息还涉及隐私问题，是不能作为遗产继承的。但 QQ、微信、支付宝等账户内的资金或虚拟物品是可以继承的。

**QQ 与微信财产权益的继承**　微信规定，非初始申请注册人不得通过受赠、继承、承租、受让或者其他任何方式使用微信账号。如果微信、QQ 账号的钱包中有财产，且逝者家属不知道账号密码，那么家属可以联系客服，通过提交相关证明（身份证、关系证明、死亡或火化证明等）依法继承财产。

**支付宝财产权益的继承**　支付宝用户标识和账号仅限本人使用，不能转让、借用、赠与、继承，但支付宝账号内的相关财产权益可被依法继承。当然，支付宝蚂蚁森林里种的树、农场里养的小鸡，也都不能继承。

**微博账号的继承**　微博账号原博主离世后，需提供死亡证明和户口本等有效证件，以及亲属签署的授权书等证明文件，微博核实无误后，会对微博账号进行保护并移交给新的账号持有人。未经微博运营方同意，微博账号的用户不能擅自买卖、转让、出租微博账号或昵称。

**网易邮箱的继承**　网易邮箱并非使用实名制，因此账号无法直接继承。如果网易邮箱账号的持有者离世，亲属需要获取邮箱资料，可以上传申请人有效身份证明，填写账号注册信息、常登陆地区等资料，通过"账号修复"的方式修复邮箱。

**苹果 Apple ID 的继承**　苹果提供了数字遗产门户，以供请求删除已故者的 Apple 账户。提供相关的法律文件后，苹果会删除 Apple ID，关闭激活锁，允许用户访问与相应账号相关联的 Apple 设备。

## ◆ 选择题

1. 下列哪些表述是不正确的　　　　　　　　　　　　　　　　（　　）

　　A.QQ、微信账号是可以继承的

　　B. 电子邮箱、支付宝、微博账号是不能继承的

C.QQ、微信、电子邮箱、支付宝、微博等账号是约定所有权归申请人

D.QQ、微信、电子邮箱、支付宝、微博等账号是约定使用权不归申请人

2. 下列哪项表述是正确的　　　　　　　　　　　　　　　　（　　　）

A.QQ、微信账号通过申请可以继承

B. 支付宝里的资金是可以继承的

C.QQ、微信里的虚拟财产是不能继承的

D. 支付宝里的资金和 QQ、微信里的虚拟财产都不能继承

### ◆ 案例

1. 小李生前申请有 QQ、微信、电子邮箱、支付宝、微博等账号，后因车祸身亡。现在小李的继承人对 QQ、微信、电子邮箱、支付宝、微博等账号能不能继承的问题还不甚清楚，而且微信钱包和支付宝账户里还有几万元，也不知道怎么取出来。

问：如果小李的继承人来咨询你，你将会怎么回答？

参考答案

# 二十六、手机号码的继承

### ◆ 知识点提炼

手机号码继承过户

### ◆ 知识点详解

**手机号码继承过户**　依据《电信网码号资源管理办法》的规定，手机号码属于国家所有，各电信运营商的客户入网服务协议也均载明，手机号码使用者通过与通信公司签订入网服务协议享有对手机号码的使用权。单纯的手机号码使用权不能被继承，但现在手机号码被赋予了更多的财产属性，也应该被纳入财产继承的范围，通过一定的合法程序来实现继承。电信行业运营商方面表示，继承人可以准备相关死亡证明、身份证件、户口本以及遗产公证书等材料，前往营业厅办理过户手续。

### ◆ 选择题

1. 下列哪项说法是正确的　　　　　　　　　　　　　　　　　　（　　）

A. 被继承人的手机号码经运营商同意可以继承过户

B. 手机号码无法继承

C. 因为手机号码不是财产，所以不能继承

D. 手机号码所有权是使用人的

2. 下列哪些说法是不正确的　　　　　　　　　　　　　　　　　（　　）

A. 手机号码使用人死亡，手机号码会被运营商取消使用

B. 手机号码使用人死亡，手机里的剩余话费继承人可以继承

C. 手机号码使用人死亡，手机里的欠费继承人不予承担

D. 手机号码使用人死亡，手机里的欠费继承人以继承财产为限承担

3. 下列哪项说法是正确的　　　　　　　　　　　　　　　　　　（　　）

A. 手机号码使用人死亡，其继承人可以将手机号码进行转让

B. 手机号码使用人死亡，手机里的剩余话费归运营商所有

C. 手机号码使用人死亡，其继承人对该手机号码享有优先购买权

D. 以上都不对

### ◆ 案例

1. 老王是个体经营户，一直以来都是用自己的手机号码对外发布大量信息宣传承揽业务。老王不幸逝世后，其继承人认为该手机号码有很多商业信息价值，想继续使用，但又不知道该怎么做。

问：你认为老王的继承人该怎么做才能取得该手机号码的使用权？

手机号码的继承

# 二十七、比特币等数字货币的继承

◆ **知识点提炼**

　　虚拟货币　　比特币

◆ **知识点详解**

　　**虚拟货币**　　是指非真实的货币。在虚拟跟现实有连接的情况下，虚拟的货币有其现实价值。知名的虚拟货币有百度的百度币，腾讯的 Q 币、Q 点，盛大的点券，等等。虚拟货币不是货币当局发行的，不具有法偿性和强制性等货币属性，并不是真正意义上的货币，不具有与货币等同的法律地位，不能且不应作为货币在市场上流通使用，公民投资和交易虚拟货币不受法律保护。

　　**比特币**　　是一种 P2P（对等网络）形式的虚拟的加密数字货币。比特币与其他虚拟货币最大的不同是其总数量有限，具有极强的稀缺性。2013 年，央行等五部委发布《关于防范比特币风险的通知》，明确比特币是一种特定的虚拟商品，不具有与货币等同的法律地位，不能且不应作为货币在市场上流通使用。由此可知，我国监管当局是将比特币认定为虚拟商品的。虽然比特币也具有相应的财产价值，但由于目前比特币在法律监管政策上的模糊以及在存储、使用上的难度，我国实践中还没有能够将比特币作为遗产进行继承的案例。

◆ **选择题**

　　1. 下列有关比特币的说法哪项是正确的　　　　　　　　　　（　　）
　　　　A. 比特币跟人民币一样可以在市场中自由流通
　　　　B. 比特币不具有财产价值
　　　　C. 比特币不能交换
　　　　D. 比特币可以使用
　　2. 下列有关比特币继承的说法哪些是不正确的　　　　　　　（　　）
　　　　A. 比特币不是人民币，所以不能继承
　　　　B. 比特币具有财产价值，所以可以继承
　　　　C. 比特币继承必须经过公证处公证才可以
　　　　D. 比特币是非法的，所以不属于遗产，不能继承

参考答案

第二篇

# CHAPTER 2

程序法

# 一、调解总论

◈ **知识点提炼**

　　调解的概念　调解的优点　调解中容易出现的问题

◈ **知识点详解**

　　**调解的概念**　调解是指中立的第三方在当事人之间调停疏导，帮助交换意见，提出解决建议，促成双方化解矛盾的活动。在中国，调解主要有四种形式：诉讼调解（法院在诉讼过程中的调解）、行政调解（行政机关在执法过程中的调解）、仲裁调解（仲裁机关在仲裁过程中的调解）和人民调解（群众性组织即人民调解委员会的调解）。

　　**调解的优点**　与其他解决社会矛盾的机制相比较，调解具有其特殊的优势。

　　（1）调解能最大程度体现双方当事人的自主性，体现双方当事人的自治意识。双方当事人完全有权选择是否进行调解。只要有一方不同意，就不可以适用调解程序；调解达成后，在签收调解书之前当事人还有机会反悔。

　　（2）调解高效快捷。相比于普通诉讼，调解处理案件的时间要短很多。而且由于调解协议都是双方自愿签署的，在具体履行时，双方也更主动和自觉。

　　（3）有利于矛盾的彻底化解，做到案结事了，维护社会稳定。无论是经济矛盾、家庭矛盾等民间纠纷，还是行政执法中出现的行政纠纷，双方的矛盾往往都是一步一步逐渐激化的，在无法自行解决的情况之下，才会求助于第三方。如果此时第三方能够以平和的方式为双方的矛盾进行梳理、沟通，会比当事人直接沟通效果要好很多。社会是个大家庭，大部分矛盾双方的当事人都是熟人，有些甚至是亲人，在矛盾激化时双方可能为了一点利益就斗得不可开交。调解通过引导当事人的认知，使其心平气和，有话好好说，认识到自己身上可能存在的问题，意识到双方各退一步对彼此都有好处，从而达成和解，达到彻底解决矛盾的目的。

　　（4）调解的保密性。调解是在不公开的场合下进行的，对于达成的和解协议也是不公开的，有利于保护双方当事人的隐私。

　　**调解中容易出现的问题**　（1）调解缺乏权威性。调解往往不必查明案件事实、分清当事人之间的是非责任，不必严格按照法律条文作出判断，因而也不利于培养当事人的法律意识。

　　（2）调解结果的随意性。相同的案件可能会出现完全不同的调解结果，而这些结果一般只要是出于当事人自愿就都可以获得合法性。这就要求调解员在具有一定的法律素养之外，还需要有崇高的职业道德，否则容易导致"关系案""人情案"等问题，出现搞地方保护主义、权钱交易等行为，从而无法保证公正公平的处理结果。

（3）调解员不依法调解容易带来一系列问题，给自身造成困扰。目前在国家层面，对调解员还没有相应的资格考试，所以调解员的进入门槛相对较低，相对于其他法律从业人员法律素养相对不足。在实际调解过程中，如果调解员没有正确把握法律法规，使调解结果偏离法律法规的制约，损害了当事人的权利，可能导致在调解结束后当事人对调解员心怀不满，严重的情况下甚至会对调解员提起诉讼。

◆ **选择题**

1.《中华人民共和国人民调解法》① 自_____起施行 （　　）

　A.2010 年 8 月 28 日

　B.2011 年 1 月 1 日

　C.2010 年 10 月 1 日

　D.2011 年 8 月 28 日

2. 县级以上地方人民政府_____负责指导本行政区域的人民调解工作 （　　）

　A. 司法行政部门　　　　　　　　　B. 信访部门

　C. 公安部门　　　　　　　　　　　D. 相关部门

3. 经人民调解委员会调解达成协议的，可以制作调解协议，也可以采取口头协议方式。以口头协议调解的，人民调解员_____记录协议内容 （　　）

　A. 应当　　　　　　　　　　　　　B. 可以

　C. 不需要　　　　　　　　　　　　D. 最好不要

4. 人民法院确认调解协议有效，一方当事人拒绝履行或者未全部履行的，另一方当事人可以向人民法院 （　　）

　A. 起诉　　　　　　　　　　　　　B. 申请强制执行

　C. 申诉　　　　　　　　　　　　　D. 投诉

5. 国家鼓励和支持人民调解工作，_____以上地方人民政府对人民调解工作所需经费应当给予必要的支持和保障 （　　）

　A. 乡级　　　　　　　　　　　　　B. 县级

　C. 市级　　　　　　　　　　　　　D. 省级

◆ **案例**

1. 王先生和张小姐由于夫妻感情破裂，求助第三方进行调解。在 A 调解员的调解下，王先生和张小姐很快就达成了调解协议：张小姐答应退还王先生在结婚时赠送的金项链、金手镯、钻戒等首饰，王先生答应退还张小姐的一半买车款项 5 万元。但是双方都不愿意先履行，怕万一对方反悔拿不到退还的财物。A 调解员于是拍板，双方都把财物交给他，等双方的财物都交齐了，再通知双方各自来拿回。王先生和张小姐分别把现金和首饰送到 A 调解员处，A 调解员在拿到后的第二天即通知王先生和张小姐来取回财物。王先生拿到首饰之后用手掂了掂，发现黄金首饰重量不对，

_____

　① 简称《人民调解法》。

提出黄金饰品是假的。王先生认为是 A 调解员没有给他把好关，甚至怀疑是 A 调解员自己把黄金饰品调包了。现在 A 调解员陷入了困境，一方面无法证明其收到的黄金饰品是真的，另一方面也无法再赢得当事人的信任，陷入了职业危机。

　　问：作为调解员应如何避免出现这样的情况？

参考答案

# 二、人民调解法

◈ **知识点提炼**

调解的原则　对调解人员的要求　调解人员的禁止行为　调解程序　调解协议　协议的效力及司法确认

◈ **知识点详解**

**调解的原则**[①]　是指调解纠纷时应当遵循的基本准则。

（1）双方当事人自愿、平等的原则。调解员从调解开始到调解协议达成、履行的整个过程中，都必须遵循双方当事人完全自觉自愿的原则，不允许强迫当事人接受调解。同时，在调解中，双方当事人的法律地位平等，任何一方的合法权益都应受到保护，任何一方的违法行为都应受到制裁。

（2）真实、合法的原则。调解员在调解民间纠纷时，一方面要实事求是，调查研究，掌握确实、充分的证据，查明纠纷的事实真相，真正做到以事实为依据；另一方面，又要以国家的法律、法规、政策作为调解纠纷的标准和尺度，以使民间纠纷得到合法合理的解决，维护法律的尊严，保护当事人的合法权益。

（3）尊重当事人权利的原则。人民调解属于诉讼外调解，凡是纠纷双方当事人不愿意让调解员调解的，或者经调解未达成协议的，又或者达成调解协议后反悔的，任何一方当事人都有权依法向人民法院起诉，任何人不得阻拦。

人民调解委员会调解纠纷时，首先应遵守上述三项原则。这三项基本原则贯穿于调解工作的全过程、各环节，是调解工作健康发展、充分发挥作用的保证。其次，应当在查明事实、明法析理、主持公道的基础上调解。查明事实是调解的前提，只有事实清楚，找准问题的结，调解工作才能有的放矢。调解员在调解过程中，要耐心听取双方当事人对事实和理由的陈述，并通过访问知情人、证人，实景再现等多种方式弄清事实真相，了解和洞察当事人的真实意思和要求，找准解决纠纷的切入点。要耐心向当事人解释法律、法规和国家政策的相关规定，以及矛盾纠纷违背法律、法规和国家政策的结点，让当事人认识、理解错在何处，自觉接受或认可调解员的建议。要居中调解、不偏不倚，做到客观、公正、公平。不论当事人是弱势方，还是强势方，哪怕是自己的亲属、朋友，调解员都要一视同仁，不能为谋私利或畏惧权势而区别对待，损害另一方当事人的合法权益。当然，更不得徇私舞弊，压制、打击报复当事人。

---

① 《中华人民共和国人民调解法》第三条　人民调解委员会调解民间纠纷，应当遵循下列原则：（一）在当事人自愿、平等的基础上进行调解；（二）不违背法律、法规和国家政策；（三）尊重当事人的权利，不得因调解而阻止当事人依法通过仲裁、行政、司法等途径维护自己的权利。

**对调解人员的要求** 《关于加强人民调解员队伍建设的意见》指出，调解员应由公道正派、廉洁自律、热心人民调解工作，并具有一定文化水平、政策水平和法律知识的成年公民担任；要注重从德高望重的人士中选聘基层调解员；要注重选聘律师、公证员、仲裁员、基层法律服务工作者、医生、教师、专家学者等社会专业人士和退休法官、检察官、民警、司法行政干警以及相关行业主管部门退休人员担任调解员。

**调解人员的禁止行为**[①] 是指调解人员在工作中应遵守调解工作的禁止性规定。

（1）不得徇私舞弊和接受当事人的请客送礼。这是保证调解人员依法、公正地调解民间纠纷的一条重要纪律。调解员是争议双方均认可的居中人员，根据事实，依照政策、法律、法规处理民间纠纷和轻微刑事案件，以保护公民的合法权益，维护社会治安。调解员在调解工作中，应当刚正不阿，忠于事实真相，忠于法律制度，忠于当事人。

（2）不得对当事人进行处罚或变相处罚。调解员在解决纠纷的过程中，无权采取任何强制措施，只能采用说服教育的方法，使双方当事人自愿接受调解。

（3）不得对当事人进行压制、威胁和打击报复。调解的基本原则之一就是自愿原则，即当事人不愿意接受调解的，任何单位和个人都不能压制、强迫。调解员只能摆事实，讲道理，以理服人，平等协商，而不能用威胁、压制的方法。实践证明，调解人员在解决纠纷时，如果盛气凌人，以教育者自居，对当事人进行压制或强迫，不让他们充分陈述自己的意见和要求，既影响查清事实，又容易增加当事人的对立情绪，使本来可以解决的纠纷变得难以解决。

（4）不得泄露当事人的隐私。调解员在调解纠纷，特别是调解婚姻纠纷的过程中，往往会接触到当事人的一些隐私。当事人向调解人员说出个人隐私，是出于对调解员的信任，是为了澄清事实、解决问题。因此，调解员知道后，有责任为当事人保密，不得泄露扩散，这是调解员的基本义务。

**调解程序** 调解一般遵循以下程序进行：（1）选定调解员；（2）调查核实纠纷情况；（3）拟定调解方案；（4）实施调解；（5）调解结束。

其中，实施调解包含下列程序。（1）确定调解场所。（2）调解的主要步骤：①告知权利义务；②双方当事人陈述；③进行调解；④达成调解协议。（3）调解纠纷的主要方式：①直接调解；②公开调解与不公开调解；③联合调解。（4）调解期限：可由当事人自行协商。

调解结束，在调解员的主持下，双方当事人就解决争议达成一致意见、消除纷争，或者达不成一致意见、终止调解。（1）达成调解协议的情况。在查清事实、分清责任的基础上，双方通过平等协商、互相谅解，对纠纷的解决自愿达成一致意见，

---

① 《中华人民共和国人民调解法》第十五条 人民调解员在调解工作中有下列行为之一的，由其所在的人民调解委员会给予批评教育、责令改正，情节严重的，由推选或者聘任单位予以罢免或者解聘：（一）偏袒一方当事人的；（二）侮辱当事人的；（三）索取、收受财物或者牟取其他不正当利益的；（四）泄露当事人的个人隐私、商业秘密的。

消除纷争。（2）达不成调解协议的情况。当事人可向人民法院起诉。

**调解协议**　根据《人民调解法》第二十八条的规定，经调解达成调解协议的，可以制作调解协议书；当事人认为不用制作调解协议书的，可以采取口头协议的方式，调解员应当记录协议内容。

调解协议书可以载明下列事项：当事人的基本情况；纠纷的主要事实、争议事项以及各方当事人的责任；当事人达成调解协议的内容，履行的方式、期限。调解协议书自各方当事人签名、盖章或者按指印，调解员签名并加盖调解委员会印章之日起生效。调解协议书由当事人各执一份，调解委员会留存一份。

口头调解协议自各方当事人达成协议之日起生效。

**调解协议的效力及司法确认**　经人民调解委员会或其他有资质的调解委员会出具的调解协议经过法院司法确认具有强制执行力。

"经人民调解委员会调解达成调解协议后，双方当事人认为有必要的，可以自调解协议生效之日起三十日内共同向人民法院申请司法确认，人民法院应当及时对调解协议进行审查，依法确认调解协议的效力。人民法院依法确认调解协议有效，一方当事人拒绝履行或者未全部履行的，对方当事人可以向人民法院申请强制执行。人民法院依法确认调解协议无效的，当事人可以通过人民调解方式变更原调解协议或者达成新的调解协议，也可以向人民法院提起诉讼。"（《人民调解法》第三十三条）

◈ **判断题**

1. 当事人可以向杭州市婚姻家事调解委员会申请调解，杭州市婚姻家事调解委员会也可以主动调解。当事人一方明确拒绝的，不得调解。（　　　）

2. 人民调解法规定，调解员在调解工作中不得泄露当事人的个人隐私、商业秘密。（　　　）

3. 经人民调解委员会调解达成的协议，具有强制执行力，当事人应当按照约定履行。（　　　）

4. 人民法院依法确认调解协议有效，一方当事人拒绝履行或者未全部履行的，对方当事人可以向人民法院起诉。（　　　）

◈ **案例**

1. 调解协议书。

女方：张某某，身份证号码：[★★★★★★★★★★★★]。

男方：黄某某，身份证号码：[★★★★★★★★★★★★]。

经双方协商一致，现（男方）与（女方）就婚姻家庭事宜，达成如下协议：

一、男方不得再动手对女方及孩子实施家暴，包括冷暴力。

二、女方不得每次遇到争执就带着孩子回娘家。

三、双方遇到问题应该相互商量，不得摔东西，也不得在亲戚朋友面前说对方的坏话，让对方丢脸。

四、男方每月给女方 5000 元生活费，用于家庭开支，如遇到孩子学费、培训费等支出的，另行计算。

五、男方不得在外过夜，如果因工作原因不得不在外过夜的，必须提前和女方打招呼，否则视为违约，每违约一次支付女方违约金 1000 元。

六、女方不得再翻看男方手机，如再翻看算违约，每违约一次支付男方违约金 1000 元。

七、本协议书一式两份，双方各执一份，经双方签字或捺指印后生效。双方当事人各应以此为据，如双方都能全面切实履行本协议的，任何一方不得提出离婚，提出离婚一方净身出户。

       甲方：（签字）      乙方：（签字）      见证人：
         年  月  日       年  月  日       年  月  日

问：请对上面这份调解协议书作出评析。

参考答案

# 三、调解中风险的把控和防范

## ◈ 知识点提炼

调解的风险把控和防范

## ◈ 知识点详解

**调解的风险把控和防范** 调解，有利于化解矛盾纠纷，构建和谐社会。但是实践中，有些调解员超越法律权限进行调解，必然产生相应的法律风险。因此，要提高基层调解员依法调解的能力水平，促进社会和谐，增强人民群众对调解制度的信任感。

1.随意扩大调解范围的风险把控和防范

（1）并非所有的案件都可以进行调解。以治安调解为例，《中华人民共和国治安管理处罚法》第九条规定，对于因民间纠纷引起的打架斗殴或者损毁他人财物等行为，情节较轻的，公安机关可以调解处理。但是调解人员不得随意扩大调解的范围，以调解代替行政处罚、刑事处罚，将案件降格处理，导致对违法行为打击不力。如对寻衅滋事、雇凶伤害他人、为泄私愤公然损坏财物等不是因民间纠纷引起的行为也进行调解，超越了可以调解的范围，导致群众对法律的曲解，甚至认为只要赔了钱，违法犯罪也可以不受法律追究。此外，有些案件，例如打架伤害等，虽有民事纠纷因素，但明显属于违法行为，应给予行政处罚。但是有些调解员也以可以调解为由，不立案进行行政处罚，不仅增加受害一方维护合法权益的困难程度，甚至导致其对加害方的怨恨加深，使得纠纷扩大、矛盾激化，而且使法律的严肃性和调解员的形象受到严重的影响。

（2）严格把握好调解的法定范围。可调解的行为，必须同时具备以下两个要件。①必须是因民间纠纷引起的。一般认为，民间纠纷的构成须具备两个条件：第一，纠纷发生在公民之间、公民和单位之间，在生活、工作、生产经营等活动中产生的纠纷；第二，纠纷双方之间关系密切，即亲友、邻里、同事、在校学生之间因琐事发生的纠纷，或者联系密切的个人与单位、单位与单位之间的纠纷等。如违反治安管理行为有下列情形之一的，不适用调解：雇凶伤害他人的；结伙斗殴的；寻衅滋事的；多次实施行为的；当事人在调解过程中又挑起事端的；其他不宜调解的。②必须是情节较轻的。情节较轻，是指行为的性质、手段不恶劣，后果不严重，社会危害性比较小。认定情节较轻的行为，应当综合考虑其主观恶意、违法目的、行为方式、行为地点及社会危害等因素。以殴打他人为例，在寻衅滋事类案件中也有殴打行为，但行为人在主观恶意、行为方式及社会危害等方面显然有所不同，寻衅滋事行为打乱了公共秩序，影响了公众安全感，其情节应当比纠纷中的殴打他人行为严重。

（3）发现具体情形复杂，难以调解时，调解员应及时终止调解。强行调解案件，会导致有些当事群众的不满情绪难以平息，过后还可能进行信访投诉、网上发帖等，给调解员形象造成负面影响。正确的做法是，当调解员发现是不适合其介入的矛盾纠纷时，要进行先期处置。先期处置就是控制好当事人的情绪与现场秩序，同时通报相关部门或者单位派员到现场处置，或者告知当事人向人民法院或者人民调解组织申请处理。

2. 强行调解的风险把控和防范

（1）即使是属于法定调解范围的案件，调解员也不能以强制的手段强迫双方当事人接受调解，必须以当事人双方自愿为调解的前提条件。《人民调解法》明确了调解的自愿原则，如果当事人任何一方不愿意调解，就不能强行调解。自愿包括自愿接受调解处理，自愿达成并共同遵守调解协议。强行调解，违背当事人的意愿，不仅无益于纠纷的及时解决，还容易引起当事人对调解工作的误解，认为是对方"托人"找到了关系人，或者调解员与对方当事人有不正当的交易，强行进行"息事"的调解。这样在无形中为案件的最终调解增加了阻力，甚至还会引起社会舆论的负面评价。

（2）自愿原则必须贯穿在调解的始终。调解的一个重要前提是经双方当事人同意，即双方自愿原则。我们必须明确的是，自愿原则必须贯穿在调解的始终，即双方当事人同意启动调解，调解过程自愿配合，调解协议签订后自愿履行。

①必须经双方当事人同意才能启动调解程序。纠纷发生之后，当事人有选择是否接受调解的权利。调解机构必须严格按照双方当事人自愿的原则启动调解程序。自愿必须是当事人的真实意愿，如果当事人心里不愿意，调解员做工作进行动员，那当事人有可能碍于面子或者其他原因表面答应接受调解，但其实心里是不愿意的。

②调解过程中双方自愿配合。即使双方当事人同意调解，在调解过程中，出现双方当事人或者一方当事人反悔，不愿意再继续调解下去的情况，调解员也应当终止调解程序，并为当事人出具终结调解书，以便于当事人行使诉讼权利。

③调解过程中发现涉及刑事的或者其他可疑之处的，应该及时终止调解并建议当事人向公安机关报案或者向法院起诉。比如在调解民间借贷案件时涉及虚假债权债务的，在调解婚姻案件中发现非法闯入住宅或者侵犯个人隐私的，应建议当事人走司法程序。

④调解协议签订后双方自愿履行。达成调解协议后双方当事人履行协议，这也是调解的重要组成部分，只有协议履行完毕才算是完成调解工作。但是实践中，有些当事人会反悔不愿履行调解协议。那么，调解员是否有对当事人履行调解协议的强制执行权？换言之，当事人是否有自愿履行调解协议的权利？这要分情况讨论。首先，如果是人民法院的调解，形成的调解书具有法律约束力，对当事人具有强制性。如果一方当事人不履行，对方有权要求法院强制执行。其次，如果是公安机关的调解，属于行政调解。按照我国现有法律规定，行政机关的调解属于居间调解，对双方当事人均不具有约束力，当事人可以自觉履行，也可以不履行，双方都有权反悔，公安机关不能强制执行。如果一方当事人不履行达成的调解协议，公安机关

可以对案件中违反治安管理的行为进行处罚，同时告知当事人可以就民事争议依法向人民法院提起民事诉讼。最后，如果是人民调解，经人民调解委员会调解达成的、有民事权利义务内容并由双方当事人签字或者盖章的调解协议具有民事合同的性质，其约束力和不履行的后果不及前两者；但是经过法院司法确认的人民调解协议具有强制执行效力。

## ◆ 案例

1. 李某甲与李某乙是亲兄弟，两人一起向杭州市婚姻家庭纠纷人民调解委员会申请调解。李某甲曾向李某乙出借人民币 100 万元，用于其生意上资金周转的需要，但到了归还期限李某乙仍未归还，故要求调解。李某乙承认曾向李某甲借款 100 万元，但是现在无力偿还，希望分期支付，愿意签署调解协议并进行司法确认。

调解员接手该案件后发现案件调解十分顺利，李某甲拿出借条，李某乙即承认是其亲自出具，双方要求马上签署调解协议。

但是当调解员要求李某甲出示打款凭证时，李某甲却说没有打款凭证，该款项是由第三方打给李某乙的。调解员要求第三方一起来说明情况时，李某乙却说不必了，自己的确是收到该笔款项了。

后调解员向李某乙妻子了解情况，了解到李某乙正在与其闹离婚，其不知道李某乙向李某甲借款的事情。

调解员认为本案有可能涉及虚假债务问题，故终止调解，告知李某甲，如果债权真实存在，建议其向法院提起诉讼，同时告知两兄弟，涉嫌虚假诉讼的法律责任。

问：请对调解员的做法进行评析。

参考答案

# 四、特邀调解制度

## ◈ 知识点提炼

特邀调解的概念　特邀调解组织和特邀调解员　特邀调解的专业化
诉前调解和诉讼中的调解　特邀调解员的选择　特邀调解的参与当事人

## ◈ 知识点详解

**特邀调解的概念**　"特邀调解是指人民法院吸纳符合条件的人民调解、行政调解、商事调解、行业调解等调解组织或者个人成为特邀调解组织或者特邀调解员，接受人民法院立案前委派或者立案后委托依法进行调解，促使当事人在平等协商基础上达成调解协议、解决纠纷的一种调解活动。"(《最高人民法院关于人民法院特邀调解的规定》第一条)

**特邀调解组织和特邀调解员**　"依法成立的人民调解、行政调解、商事调解、行业调解及其他具有调解职能的组织，可以申请加入特邀调解组织名册。品行良好、公道正派、热心调解工作并具有一定沟通协调能力的个人可以申请加入特邀调解员名册。人民法院可以邀请符合条件的调解组织加入特邀调解组织名册，可以邀请人大代表、政协委员、人民陪审员、专家学者、律师、仲裁员、退休法律工作者等符合条件的个人加入特邀调解员名册。特邀调解组织应当推荐本组织中适合从事特邀调解工作的调解员加入名册，并在名册中列明；在名册中列明的调解员，视为人民法院特邀调解员。"(《最高人民法院关于人民法院特邀调解的规定》第六条)

**特邀调解的专业化**　"人民法院可以设立家事、交通事故、医疗纠纷等专业调解委员会，并根据特定专业领域的纠纷特点，设定专业调解委员会的入册条件，规范专业领域特邀调解程序。"(《最高人民法院关于人民法院特邀调解的规定》第九条)

**诉前调解和诉讼中的调解**　"对适宜调解的纠纷，登记立案前，人民法院可以经当事人同意委派给特邀调解组织或者特邀调解员进行调解；登记立案后或者在审理过程中，可以委托给特邀调解组织或者特邀调解员进行调解。当事人申请调解的，应当以口头或者书面方式向人民法院提出；当事人口头提出的，人民法院应当记入笔录。"(《最高人民法院关于人民法院特邀调解的规定》第十一条)

**特邀调解员的选择**　"双方当事人应当在名册中协商确定特邀调解员；协商不成的，由特邀调解组织或者人民法院指定。当事人不同意指定的，视为不同意调解。"(《最高人民法院关于人民法院特邀调解的规定》第十二条)

**特邀调解的参与当事人**　特邀调解组织或者特邀调解员接受委派或者委托调解后，应当将调解时间、地点等相关事项及时通知双方当事人，也可以通知与纠纷有利害关系的案外人参加调解。特邀调解的参与当事人不限于申请人与被申请人，调解员认为案件的处理与第三人的利益有关的，为了整体解决纠纷，也可以通知案外人一并参与调解。

## ◆ 选择题

1. 下列不属于特邀调解特点的是 （　　）
  A. 特邀调解员必须经法院登记入册
  B. 特邀调解员必须品行良好、公道正派、热心调解工作并具有一定沟通协调能力
  C. 如果在调解中有一方不同意该特邀调解员组织调解的，该调解不可以强行推行下去
  D. 调解过程和调解协议内容可以任意公开

2. 人民法院在特邀调解工作中承担的职责不包括 （　　）
  A. 对适宜调解的纠纷，指导当事人选择名册中的调解组织或者调解员先行调解
  B. 提供其他案件的未公开信息
  C. 管理特邀调解案件流程并统计相关数据
  D. 指导特邀调解组织和特邀调解员开展工作

3. 特邀调解员有下列情形之一的，当事人有权申请回避 （　　）
  A. 特邀调解员与纠纷当事人、代理人有其他关系，可能影响公正调解的
  B. 特邀调解员与纠纷无利害关系
  C. 特邀调解员是女性
  D. 特邀调解员非本地人

4. 调解协议书应当记载的内容不包括 （　　）
  A. 当事人的基本情况
  B. 第三人的隐私信息
  C. 纠纷的主要事实、争议事项
  D. 调解结果

5. 特邀调解员下列行为合适的是 （　　）
  A. 接受当事人请托或收受财物
  B. 认真负责，耐心调解
  C. 泄露调解过程或调解协议内容
  D. 强迫调解

## ◆ 案例

1. 小张在回家的路上被高空掉落的水泥块砸中，受伤住院，产生医药费、误工费、护理费、精神损害抚慰金等共计30余万元。小张与高空抛物的屋主一家人协商，但屋主不同意赔偿小张损失，因为事故发生是由于该房屋的租客踢了一下阳台

护栏，谁知护栏质量不过关，掉下一块水泥块，导致小张被砸伤。协商无果，小张无奈之下将屋主一家告上法庭，请求法院判决其赔偿医药费、误工费、护理费、精神损害抚慰金等共计30余万元。屋主一家答辩称该事故发生的主要责任在租客，因为租客踢了一脚才导致阳台水泥坠落。该案经一审审理，法院判决高空抛物的屋主一家承担小张的所有损失共计30余万元。屋主认为是第三人导致房屋阳台受损掉落水泥块的，应另案起诉租客赔偿损失，对判决不服提起上诉。二审法院在正式立案之前安排特邀调解员组织调解。特邀调解员不仅联系小张和屋主一家参加调解，并且联系了租客小王一并加入调解，最终在各方的努力之下，达成和解协议：第一，屋主一家赔偿小张25万元，租客小王一周内赔偿小张5万元；第二，如小王到期不支付的，由屋主再支付剩余的5万元给小张，并要求小王赔偿屋主10万元；第三，屋主撤回上诉。

问：相比诉讼，本案处理过程中引入特邀调解制度有什么明显的优势？

参考答案

第三篇

CHAPTER 3

妇女儿童权益保护

# 一、农村外嫁女的权利保护

## ◆ 知识点提炼

外嫁女　外嫁女的权利　外嫁女户口迁徙的自主权

## ◆ 知识点详解

**外嫁女**　指本村的成年女性因嫁娶原因去到其他地方生活，被通俗地称为外嫁女。一般而言，有关外嫁女的纠纷焦点是，外嫁女能否享有她们出嫁前或出嫁后所在村庄的土地征收补偿、分红以及其他利益。

**外嫁女的权利**　外嫁女如户口没有因结婚而迁至夫家的，其农村集体经济组织成员身份并不因结婚而终结，其仍是村集体经济组织成员，享有村集体经济组织成员应该享有的权利、福利和待遇。

**外嫁女户口迁徙的自主权**　我国法律并没有规定外嫁女结婚之后户口必须迁至夫家，因此，迁不迁户口都是妇女自愿的选择，其他人和组织不得强迫。

## ◆ 选择题

1. 下列说法正确的是 （　　）

  A. 外嫁女户口迁至夫家后，其娘家的承包地必须收回

  B. 外嫁女离婚后，即使户口仍留在娘家，也无法在拆迁中分得安置房屋

  C. 外嫁女无论户口是否迁出，其在娘家的承包地在承包期内的权利不受影响

  D. 外嫁女丧偶后，无法以自己的名义审批宅基地

2. 王甲的妹妹王乙离婚后回村居住，户口也从夫家迁至王甲家。现在王甲家所在的村已经被划入征地范围，下列说法正确的是 （　　）

  A. 对于王甲家分得的财产，王甲作为户主，有完全的自主权决定是要货币安置还是面积安置，王乙无权过问

  B. 村里认为王乙是后来迁入的户口，且其名下无房无地，故无权享受房屋安置

  C. 因王乙曾经在夫家和前夫一起申请批地建房，所以其如果要在娘家享受安置房，需声明放弃在夫家的宅基地

  D. 王乙即使不放弃此前在前夫家审批的宅基地，也可以享受娘家的安置房福利

◆ **案例**

1.1990 年，户口在农村的郑某（女）与户口在城市的李某（男）结婚，婚后户口无法迁入夫家，故一直未迁出娘家，儿子小李出生后户口也在郑某的娘家。郑某有一弟弟，弟弟结婚后生育两孩子。郑某家原来以一家四人户口审批的宅基地不够居住，再加上郑某和弟媳妇关系相处不好，郑某想申请单独立户，并向村委会申请单独审批宅基地。但村委会拒绝了郑某的申请，理由是郑某的弟弟可以享受批地建房，但郑某是外嫁女，不能单独享受批地建房。

问：村委会给出的理由是否成立？

参考答案

# 二、就业中的性别歧视与女性维权

## ◆ 知识点提炼

就业中的性别歧视　女性维权

## ◆ 知识点详解

**就业中的性别歧视**　基于性别的任何区别、排斥或优惠，其后果是取消或损害就业方面的机会均等或待遇平等。[1]

**女性维权**　《中华人民共和国就业促进法》[2]和《中华人民共和国妇女权益保障法》均明确提出，除国家规定的不适合妇女的工种或者岗位外，用人单位不得以性别为由拒绝录用妇女或者提高对妇女的录用标准；用人单位不得在劳动合同中规定限制女职工结婚、生育的内容。如用人单位存在性别歧视，妇女可以依法维权。

## ◆ 选择题

1. 下列做法不属于企业用工中性别歧视的是　　　　　　　　　　　　（　　）

    A. 甲企业在公开招聘的要求中写明只录用男性

    B. 乙企业在公开招聘的要求中写明只录用女性

    C. 丙企业因员工怀孕生产而在本年度职工评级中将其评为不合格

    D. 丁企业同意给即将生子的女员工休带薪产假

2. 以下妇女维权方式不合理的是　　　　　　　　　　　　　　　　　（　　）

    A. 向劳动部门投诉

    B. 跟企业领导协商

    C. 在企业门口静坐示威

    D. 为维护自身权益，依法向法院起诉

## ◆ 案例

1. 2012 年 6 月，从北京某学院毕业的曹菊向巨人教育投递了行政助理岗位的求职信息。等待十几天未见面试通知后，她打电话咨询。一名工作人员表示，这个职位只招男性，即使她各项条件都符合，也不会考虑她。曹菊通过法律咨询意识到该公司的行为已经对她构成了性别歧视，2012 年 7 月 11 日，曹菊向海淀区人民法院递上诉讼状。法庭上，巨人教育创始人尹雄表示，之所以决定放弃辩护权，是从维

---

[1]　1958 年国际劳工组织通过的《消除就业和职业歧视公约》。

[2]　简称《就业促进法》。

护女性平等权益与尊严的角度出发，对依法反对就业性别歧视的行为表示赞赏与支持。公司始终遵循《就业促进法》的法律规定，按照"公平、公正、公开"的要求招聘。此次事件中，由于人事部门的工作疏忽，未准确地对工作职责进行描述，简单地以"仅限男性"作为条件，从而造成不必要的误解，他向起诉人表示公开道歉。最终，双方自愿达成和解。依据协议，巨人教育将于2012年12月30日前支付给曹菊3万元，作为反就业歧视专项资金；同时，巨人教育负担案件受理费。

问：曹菊当初通过法律咨询能了解哪些信息？

参考答案

# 三、未成年人遭遇家庭暴力的维权

## ◆ 知识点提炼

未成年人　我国针对未成年人的法律　家庭暴力

## ◆ 知识点详解

**未成年人**　在我国，未成年人是指未满 18 周岁的自然人。

**我国针对未成年人的法律**　《中华人民共和国未成年人保护法》《中华人民共和国预防未成年人犯罪法》等。

**家庭暴力**　简称家暴，是指发生在家庭成员之间的，以殴打、捆绑、禁闭、残害或者谩骂、恐吓等其他手段对家庭成员的身体、精神等方面进行侵害的行为。

## ◆ 选择题

1. 下列说法正确的是 　　　　　　　　　　　　　（　　）

　　A. 父母对孩子"打是亲，骂是爱"

　　B. 我们应对家庭暴力零容忍

　　C. 父母打孩子是家暴，丈夫打妻子就不是家暴

　　D. "棍棒底下出孝子"

2. 以下哪些因素会诱发家庭暴力 　　　　　　　　　（　　）

　　A. 精神障碍

　　B. 生理因素

　　C. 品德问题

　　D. 以上均是

## ◆ 案例

1. 小芬与丈夫阿达结婚十多年，独生子今年9岁。阿达为退伍军人，现在是房地产建筑项目的工头，经济收入可观。但阿达有严重的暴力倾向，经常对小芬实施家暴，严重时会连孩子一起打。有一次，阿达一气之下一脚将孩子踹向床边柜子，致孩子颅脑损伤死亡。

问：阿达的上述行为会被追究什么责任？

参考答案

# 四、父母争夺抚养权过程中未成年人权益的保护

## ◈ 知识点提炼

抚养权　离婚时抚养权的归属　未成年人受教育的权利

## ◈ 知识点详解

**抚养权**　是指父母对其子女的一项人身权利，父母有责任和义务对其子女进行抚育和监护。抚养有婚生的抚养与非婚生的抚养之分，在现实生活中由于各种原因，父母对子女的抚养权有时得不到很好的保障。拥有该权利的一方或双方，在子女成年之前，有权决定是否与子女共同生活，该权利在子女成年时即消灭。

**离婚时抚养权的归属**　可以双方协商，一旦协商不成，则需由法院判决。法院判决抚养权归属，一般根据有利于子女成长的原则进行，主要考虑以下因素：夫妻双方的学历、工作、收入、年龄、家庭环境，子女的年龄等。

**未成年人受教育的权利**　未成年人享有受教育权，国家、社会、学校和家庭尊重和保障未成年人的受教育权。

## ◈ 选择题

1. 下列说法正确的是　　　　　　　　　　　　　　　　　　　　（　　）
   A. 父母与子女间的关系，因父母离婚而自然消除
   B. 离婚后，子女无论是由父还是母直接抚养，仍是父母双方的子女
   C. 离婚后，父母对于子女就没有抚养和教育的权利和义务了
   D. 离婚时，父母可以在离婚协议中约定把夫妻共同房产赠与未成年的孩子，该赠与行为只要房子不过户都可以撤销

2. 下列做法符合法律规定的是　　　　　　　　　　　　　　　　（　　）
   A. 父母离婚，一方愿意独自承担抚养孩子的责任，不需要另一方支付抚养费，同时也不许另一方对孩子进行探视，要求对方与孩子一刀两断
   B. 父母离婚，十周岁以上的儿子愿意跟母亲生活，父亲威胁儿子如果不跟他的话，他将拒绝支付抚养费
   C. 父母离婚后，三周岁的女儿跟母亲生活，母亲经常对孩子讲她父亲的坏话，并且要孩子在父亲来探视她的时候拒绝探视
   D. 父母离婚后，儿子和父亲一起生活，母亲按月支付抚养费至大学，儿子大三时申请去国外留学，母亲表示自己经济条件有限，无力支付儿子国外留学的费用

◆ **案例**

1. 李某（男）和张某（女）结婚八年，婚后生育一女，现读小学二年级。李某经商，收入颇丰，张某在家当全职太太。后李某觉得与张某之间越来越没有共同语言，打算离婚，张某不愿意。某日，李某趁张某外出买菜的时候偷偷把女儿接走，将其送去外地亲戚家寄养。此后，李某与张某摊牌，要求与张某离婚，给张某一笔钱，女儿归李某抚养，张某每月探视一次；如果张某不同意，她将一辈子都见不到女儿。

问：（1）李某的行为是否侵犯了未成年人的权利？

（2）作为母亲张某，应该如何维护自己和女儿的权利？

参考答案

# 五、留守儿童的监护

## ◆ 知识点提炼

留守儿童　委托监护

## ◆ 知识点详解

**留守儿童**　指父母双方外出务工，或一方外出务工、另一方无监护能力，无法与父母正常共同生活的不满十六周岁农村户籍未成年人。

**委托监护**　指监护人由于种种原因不能与被监护人共同生活，而委托亲属、朋友或者有关单位（幼儿园、学校等）代为行使全部或部分监护职责的情况。

## ◆ 选择题

1. 朵朵的父亲因故不能亲自对其监护，以下成员中不能成为委托监护人的是
（　　）

    A. 朵朵的爷爷

    B. 朵朵的奶奶

    C. 寄宿制学校

    D. 朵朵的远房亲戚

2. 未满八周岁的儿童，其父母外出打工，委托大伯担任孩子的监护人。下列有关说法错误的是
（　　）

    A. 该孩子的大伯在其父母外出打工期间，有照顾孩子生活的义务

    B. 该孩子在受大伯委托监护期间，大伯有送其上学的义务

    C. 该孩子的父母在委托其大伯监护期间，就不再是孩子的监护人了

    D. 如果长期无法联系上外出打工的父母，孩子的众多亲属可以一起协商关于孩子的监护问题，如果协商不成，可以申请法院指定一名监护人

## ◆ 案例

1. 2015 年，某地的两姐妹在放学路上被人投毒致死。经警方调查，凶手是一名 12 岁的留守女孩。这名女孩有着典型的留守特征，孤僻怕生，极度不爱说话。杀人的动机，在成人看来，不过是鸡毛蒜皮的小事，但在这个无人分享心事的女孩心里，杀死对方，是她的世界里解决问题的唯一方法。除去极端的杀人案件，寻衅滋事、打架斗殴、藏毒贩毒、性侵害等类别的未成年犯罪也有连年上升趋势。就未成年人犯罪问题，中国预防青少年犯罪研究会曾做过一次抽样调查，发现只有 36.3% 的未成年犯在入监之前能够同亲生父母长期生活。2013 年，最高人民法院研究室有过相

关统计，截至当年，我国各级法院判决生效的未成年人犯罪案件平均每年上升13%左右，其中留守儿童犯罪约占未成年人犯罪的70%，还有逐年上升的趋势。

问：作为一名调解员，如何在日常工作中分辨有心理问题的留守儿童？

参考答案

# 六、未成年人犯罪预防和管教

## ◈ 知识点提炼

未成年人犯罪　少年犯管教所　收容教养制度　未成年人犯罪档案封存制度

## ◈ 知识点详解

**未成年人犯罪**　指未成年人实施的犯罪行为。在我国，未满十四周岁的未成年人犯罪不承担刑事责任，已满十四周岁、未满十六周岁的未成年人只对八种较为严重的犯罪承担刑事责任。我国《刑法》第十七条规定："已满十六周岁的人犯罪，应当负刑事责任。已满十四周岁不满十六周岁的人，犯故意杀人、故意伤害致人重伤或者死亡、强奸、抢劫、贩卖毒品、放火、爆炸、投毒罪的，应当负刑事责任。已满十四周岁不满十八周岁的人犯罪，应当从轻或者减轻处罚。"

**少年犯管教所**　是对已满十四周岁、未满十八周岁的少年犯进行教育、挽救、改造的场所，简称少管所，是我国劳动改造机关之一。

**收容教养制度**　是由政府对实施了犯罪行为但不满十六周岁、不予刑事处罚的人进行收容、集中教育管理的一种强制性的教育改造行政措施。我国《刑法》第十七条第四款规定，因不满十六周岁不予刑事处罚的，责令他的家长或者监护人加以管教；在必要的时候，也可以由政府收容教养。

**未成年人犯罪档案封存制度**　犯罪的时候不满十八周岁，被判处五年有期徒刑以下刑罚以及免除刑事处罚的未成年人的犯罪记录，应当依法予以封存。犯罪记录包括侦查、起诉、审判与刑罚执行过程中形成的有关未成年人犯罪或者涉嫌犯罪的全部案卷、材料与电子档案。对涉罪未成年人进行社会调查、帮教考察、心理疏导、司法救助等工作形成的材料，也应当予以封存。

## ◈ 选择题

1.2019 年，某地一名 10 岁女孩被一名 13 岁男孩以极其残忍的手法杀害，抛尸在离女孩家不到百米的绿化带中，被女孩父亲发现。以下说法错误的是　　（　　）

A. 该男孩不用承担刑事责任，但是其监护人要承担民事赔偿责任

B. 该男孩不用承担民事赔偿责任

C. 该男孩可以由政府收容教育

D. 法律不能对该男孩采取任何有效措施

2. 根据未成年人犯罪档案封存制度，下列哪个人的犯罪档案不会被封存　（　　）

A. 小李在 17 周岁时犯了强奸罪，被法院判刑 4 年

B. 小钱在 17 周岁时通过诈骗的手段骗取他人 10 万元

C. 小张在 15 周岁时实施了抢劫杀人，导致一人死亡

D. 小王在 15 周岁时通过诈骗的手段骗取他人 50 万元

## ◆ 案例

1. 甲、乙、丙兄弟三人，甲 10 岁，乙 15 岁，丙 20 岁。一天，三人相约出去玩，丙提出最近太无聊，要找点刺激的事情做做，于是三人偷偷溜到"村花"小美（20 岁）的家里实施盗窃。期间小美突然回家，丙见色起意，意欲对小美实施强奸，乙表示同意，并且与丙一起对小美实施了强奸，甲在外面把风。事后，三人到小美家负荆请罪，请求原谅，但小美家家门紧闭。之后警察上门，带走了兄弟三人。

问：三人分别将承担什么法律责任？

参考答案

# 七、保护女童，预防性侵

◆ **知识点提炼**

强奸罪　猥亵儿童罪

◆ **知识点详解**

**强奸罪**　是指违背妇女意志，使用暴力、胁迫或者其他手段强行与妇女发生性关系的行为，或者故意与不满十四周岁的幼女发生性关系的行为。根据《刑法》第二百三十六条的规定，以暴力、胁迫或者其他手段强奸妇女的，处三年以上十年以下有期徒刑。奸淫不满十四周岁的幼女的，以强奸论，从重处罚。强奸妇女、奸淫幼女，有下列情形之一的，处十年以上有期徒刑、无期徒刑或者死刑：强奸妇女、奸淫幼女情节恶劣的；强奸妇女、奸淫幼女多人的；在公共场所当众强奸妇女的；二人以上轮奸的；致使被害人重伤、死亡或者造成其他严重后果的。

《最高人民法院、最高人民检察院、公安部、司法部关于依法惩治性侵害未成年人犯罪的意见》[1]第十九条规定，知道或者应当知道对方是不满十四周岁的幼女，而实施奸淫等性侵害行为的，应当认定行为人"明知"对方是幼女。对于不满十二周岁的被害人实施奸淫等性侵害行为的，应当认定行为人"明知"对方是幼女。对于已满十二周岁不满十四周岁的被害人，从其身体发育状况、言谈举止、衣着特征、生活作息规律等观察可能是幼女，而实施奸淫等性侵害行为的，应当认定行为人"明知"对方是幼女。

《意见》第二十七条规定，已满十四周岁不满十六周岁的人偶尔与幼女发生性关系，情节轻微、未造成严重后果的，不认为是犯罪。

**猥亵儿童罪**　是指以刺激或满足性欲为目的，用性交以外的方法对儿童实施的淫秽行为，不满十四周岁的男孩和女孩都可以作为本罪的受害人或猥亵对象，猥亵的手段如抠摸、舌舔、吸吮、亲吻、搂抱、手淫、鸡奸等行为。根据《刑法》第二百三十七条的规定，以暴力、胁迫或者其他方法强制猥亵他人或者侮辱妇女的，处五年以下有期徒刑或者拘役。聚众或者在公共场所当众犯前款罪的，或者有其他恶劣情节的，处五年以上有期徒刑。猥亵儿童的，依照前两款的规定从重处罚。

《意见》第二十二条规定，实施猥亵儿童犯罪，造成儿童轻伤以上后果，同时符合《刑法》第二百三十四条或者第二百三十二条的规定，构成故意伤害罪、故意杀人罪的，依照处罚较重的规定定罪处罚。

---

[1]　本节中简称《意见》。

◆ **选择题**

1. 孙某（男，15 周岁）是某中学初三的学生，在运动会上认识了小自己 2 岁的叶某（女，13 周岁）。由于两家相距不远，两人一同上下学，关系日渐密切。某日，孙某与叶某在叶某家里发生性关系时被叶某家长发现。虽然两人均表示是自愿，但气愤的叶某家长仍然要求追究孙某的刑事责任。经过调查，两人确属自愿且偶尔发生性关系，亦未造成严重后果。孙某的行为 （　　）

　A. 构成强奸罪

　B. 构成猥亵儿童罪

　C. 构成奸淫幼女罪

　D. 情节显著轻微、危害不大，不认为是犯罪

2. 胡某嫖宿 13 周岁的卖淫幼女王某，胡某的行为构成 （　　）

　A. 引诱幼女卖淫罪

　B. 嫖宿幼女罪

　C. 强奸罪

　D. 不构成犯罪

3. 关于强奸罪，下列说法正确的是 （　　）

　A. 赵铁柱向 13 周岁的钱桂花许诺 2000 元酬金，让其与自己发生性关系，构成引诱幼女卖淫罪，不构成强奸罪

　B. 13 周岁的钱桂花发育较早、打扮成熟，赵铁柱以为其有 18 周岁，用暴力手段与其强行发生性关系，构成强奸罪，属于奸淫幼女，应当从重处罚

　C. 刑法已取消嫖宿幼女罪，将该类行为一律作为强奸罪论处

　D. 13 周岁的钱桂花寄养在赵铁柱家里，某天晚上在赵铁柱醉酒的情况下，爱慕他已久的钱桂花自愿与其发生性关系。赵铁柱的行为符合强奸罪中的加重处罚情节

4. 引诱不满 14 周岁的幼女进行卖淫活动的构成 （　　）

　A. 引诱幼女卖淫罪

　B. 强迫卖淫罪

　C. 强奸罪

　D. 猥亵儿童罪

5. 下列有关猥亵儿童罪的叙述正确的是 （　　）

　A. 猥亵儿童罪的对象是不满 18 周岁的未成年人

　B. 猥亵儿童罪的对象只限于女童

　C. 通过 QQ 视频等方式诱骗儿童作出淫秽动作属于猥亵儿童罪

　D. 有猥亵行为，儿童同意的，不构成犯罪

◆ **案例**

1. 25 岁男子甲通过聊天软件认识女孩乙，女孩主动约男子出来看电影，看完电

影后男子将女孩带到附近的宾馆开房，两人发生性关系。当时女孩还未满12周岁，在见面及发生关系的过程中，男子未询问过女孩年龄。事后，女孩父母看到聊天记录，并在询问女孩事情经过后，向公安机关报案。而男子辩解称，自己并不知道女孩未满12周岁，且双方是自愿发生性关系的，并无强迫，自己不构成强奸罪。

问：男子的行为是否构成强奸罪？

2. 据媒体报道，在2015年5月至2016年11月间，江苏省南京市某区，被告人小剑（化名）利用社会上一些人崇拜明星、想一夜成名等心态，打着招聘童星的幌子，通过QQ聊天软件结识31名女童。小剑以检查身材比例和发育状况为由，诱骗女童在线拍摄和发送裸照，并谎称需要面试，诱骗女童通过QQ裸聊并作出淫秽动作。小剑还将被害人的裸聊视频刻录留存。

问：小剑是否构成刑事犯罪？

参考答案

# 附件　家事纠纷化解工作用表（杭州市市域社会治理"六和塔"工作体系内容）

## 家事纠纷辅导申请表

| 申请人基本情况 | 姓名 | | 性别 | | 出生年月 | |
|---|---|---|---|---|---|---|
| | 文化程度 | | 住址 | | | |
| 申请时间 | | 辅导地点 | | 申请人联系电话 | | |
| 申请理由 | | | | | | |
| 辅导目标 | | | | | | |

申请人签字：

年　月　日

# 家事纠纷登记表

| 编号： | 年　号 | | | 时间： | 年　月　日 | | |
|---|---|---|---|---|---|---|---|
| 申请人姓名 | | 性别 | | 出生年月 | | 民族 | |
| 身份证号码 | | 联系方式 | | 联系地址 | | | |
| 文化程度 | | 职业 | | 婚龄 | | 籍贯 | |
| 家事纠纷原因 | 家庭暴力 | | 财产纠纷 | | 子女问题 | | |
| | 赡养问题 | | 外遇 | | 日常矛盾 | | |
| | 其他 | | | | | | |
| | 基本情况： | | | | | | |
| 辅导评估意见 | | | | | | | |
| 家事辅导员 | | | | | | | |

# 婚姻基本情况登记表

| 基本信息 | 男方 | | | | |
|---|---|---|---|---|---|
| | 女方 | | | | |
| 婚前基础 | 相识方式 | □自由恋爱 | □经人介绍 | 恋爱时长 | |
| | 是否属于再婚 | | 再婚前有无子女 | 再婚时该子女是否成年 | |
| 婚后家庭成员 | 登记时间 | | 有无子女 | 目前女方是否怀孕 | |
| | 己方主要家庭成员 | | 对方主要家庭成员 | | |
| | 共同居住家庭成员 | | 与对方家庭成员相处情况 | | |
| 婚后感情 | 有无家暴 | | 是否经常发生家暴 | 家暴伤害程度 | |
| | 是否申请人身安全保护令 | | 是否分居 | 分居时间 | |
| | 分居原因 | | | | |
| 离婚主张 | 主张离婚原因 | | | | |
| | 主张不离婚原因 | | | | |
| 起诉调解 | 第几次起诉离婚 | | 是否经过调解 | 调解情况 | |
| 备注 | | | | | |

签字：＿＿＿＿＿＿＿＿　　　＿＿＿＿年＿＿＿＿月＿＿＿日

# 家事辅导员工作记录表

| 申请人 | 家事辅导员 |
|---|---|
|  |  |
| 辅导时间 | 采取措施、方式 |
|  |  |
|  |  |
|  |  |
|  |  |
|  |  |
|  |  |

# 家事纠纷诉前调解情况表

编号：　　年　号

| 编号 | | 事由 | |
|---|---|---|---|
| 申请时间 | | 调解终结时间 | |
| 申请人 | | 联系方式 | |
| 被申请人 | | 联系方式 | |
| 调解员 | | 联系方式 | |
| 调解结果 | 调解成功 | 调解协议内容 | |
| | 调解不成 | 争议焦点 | |

# ＿＿＿＿＿ 人民法院
# 家事调解委托函


＿＿＿＿＿＿：

　　＿＿＿＿＿与＿＿＿＿＿家事纠纷一案，经各方当事人同意，本院依法委托你作为家事调解员进行调解。现将该案相关材料移送你方，请依法主持调解，并于收到本函之日起三十日内将有关调解情况书面反馈本院。

　　特此委托。


＿＿＿＿＿＿人民法院

年　月　日

附：本院联系人：

　　电话：

　　地址：

# 家事案件委托调解结案反馈表

编号：　　　年　　号

| 案号 | | | 案由 | | |
|---|---|---|---|---|---|
| 委托时间 | | | 调解终结时间 | | |
| 原告 | | | 联系方式 | | |
| 被告 | | | 联系方式 | | |
| 调解员 | | | 联系方式 | | |
| 调解结果 | 调解成功 | 调解协议内容 | | | |
| | 调解不成 | 争议焦点 | | | |

# _____ 人民法院
# 家事委托调查函

_____：

本院于　年　月　日受理的 ___ 号 ___ 与 ___ 家事纠纷一案，现本院依法委托你作为家事调查员，调查以下的情况：

1.

2.

请你方于收到本函之日起三十日内完成调查事项，并向本院出具书面的调查报告。

特此委托。

_____ 人民法院

年　月　日

附：本院联系人：

电话：

地址：

# 家事案件调查报告

一、调查事项

_____ 人民法院于　年　月　日以《家事委托调查函》委托本调查员就 ___ 号 ___ 与 ___ 家事纠纷中的 _____ 等事项进行调查。

二、调查方式及过程

本调查员于　年　月　日至　年　月　日期间，通过 ___ 等方式，对 _____ 等事项进行调查。（如有见证人在场的，写明见证人的基本情况和联系方式）

三、调查情况

四、建议或意见

特此报告。

家事调查员签名：

时间：

（附件：调查过程中形成的或取得的书面、音像资料，相关人员联系方式）

# _____ 人民法院
# 家事委托观察函

_____ :

本院于 年 月 日受理的____号____与____家事纠纷一案，现本院依法委托你作为家事观察员，于 年 月 日在____场所观察以下的情况：

1.

2.

请你方在完成观察任务后十日内向本院出具书面的观察报告。

特此委托。

_____ 人民法院

年 月 日

附：本院联系人：

电话：

地址：

# 家事案件观察报告

一、观察事项

_____人民法院于　年 月 日以《家事委托观察函》委托本观察员就_____号____与____家事纠纷中的_____等事项进行观察。

二、观察方式及过程

本观察员于　年 月 日在 ___ 场所通过 ___ 等方式，对 _____ 等事项进行观察。

三、观察情况

四、建议或意见

特此报告。

家事观察员签名：

时间：

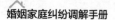

# 家事案件回访记录表

| 编号 | | 案号 | |
|---|---|---|---|
| 案由 | | 生效时间 | |
| 原告姓名 | | 身份证号码 | |
| | | 联系方式 | |
| 被告姓名 | | 身份证号码 | |
| | | 联系方式 | |

回访情况记录

（当事人的生活情况、精神状态、经济状况；子女抚养情况；老人赡养情况；判决或调解执行情况；当事人目前的困难及诉求等）

案件回访员签名：

时间：

# 家事案件危机干预报告

| 一、基本资料 | | | |
|---|---|---|---|

当事人基本信息：

| 本人姓名 | | 身份证号码 | |
|---|---|---|---|
| 教育程度 | | 手机号码 | |
| 工作情况 | | | |

关系人基本信息：

| 配偶姓名 | | 身份证号码 | |
|---|---|---|---|
| 教育程度 | | 手机号码 | |
| 工作情况 | | | |

双方原生家庭情况：（根据案情选择书写）

二、危机发生的原因

三、危机干预工作记录

（时间、地点、干预过程、结果等）

四、危机等级评估及下一步干预计划

自评量表

危机干预员签名：

时间：

# 后 记

　　在本书完成之际，谨以最真挚的诚意对下列机构和人员表示感谢，没有他们的大力支持和帮助，本书难以如期与广大读者见面。

　　感谢中共杭州市西湖区委政法委员会、杭州市西湖区司法局、杭州市妇女联合会、杭州市西湖区妇女联合会在本书撰写过程中给予的大力指导；

　　感谢杭州市婚姻家庭纠纷人民调解委员会对本书撰写和出版的大力支持，感谢他们从本书写作酝酿伊始就对此密切关注，并在编写阶段给予协助；

　　感谢本书全体编委的支持，感谢他们对本书选题及内容的共同关注以及宝贵建议；

　　感谢苏迪亚律师为本案的撰写提供大量的参考案例，极大增强本书的可读性。

　　家庭是社会的最小组成单位，家和万事兴，家和国安定，希望本书能为广大读者提供更多关于婚姻和家庭的启发和思考，也希冀本书能为打造和谐社会贡献一份微薄力量。

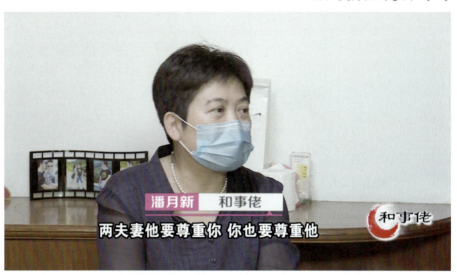

在婚姻期间这样和你在一起

那么他在杭州

## 潘月新在调解（6）

CCTV 12 社会与法　　　CCTV.com
这个男生既要多金 又要帅

CCTV 12 社会与法　　　CCTV.com
潘月新
杭州市婚姻家庭纠纷人民调解委员会 副主任
我们不能说谁对和谁错

潘月新
杭州市婚姻家庭纠纷人民调解委员会 副主任

**图书在版编目（CIP）数据**

婚姻家庭纠纷调解手册/潘月新，黄金苹主编.—杭州：
浙江大学出版社，2020.10（2021.9重印）
ISBN 978-7-308-20454-5

Ⅰ．①婚… Ⅱ．①潘… ②黄… Ⅲ．①婚姻家庭纠纷-
调解（诉讼法）-中国-手册 Ⅳ．①D925.114-62

中国版本图书馆CIP数据核字（2020）第195585号

**婚姻家庭纠纷调解手册**

潘月新　黄金苹　主编

| | | |
|---|---|---|
| **责任编辑** | 朱　辉 | |
| **责任校对** | 葛　娟　郑孝天 | |
| **封面设计** | 春天书装 | |
| **出版发行** | 浙江大学出版社 | |
| | （杭州市天目山路148号　　邮政编码　310007） | |
| | （网址：http://www.zjupress.com） | |
| **排　　版** | 杭州林智广告有限公司 | |
| **印　　刷** | 杭州高腾印务有限公司 | |
| **开　　本** | 787mm×1092mm　1/16 | |
| **印　　张** | 11 | |
| **插　　页** | 4 | |
| **字　　数** | 260千 | |
| **版 印 次** | 2020年10月第1版　2021年9月第3次印刷 | |
| **书　　号** | ISBN 978-7-308-20454-5 | |
| **定　　价** | 40.00元 | |